C.H.BECK WISSEN
in der Beck'schen Reihe

Seit dem Beitritt der Bundesrepublik am 1.1.1957 ist das Saarland das jüngste der «alten» Bundesländer. Das Land an der mittleren Saar gehört seit der Eisenzeit zu den dicht besiedelsten Gebieten Europas: hier wurde Eisen, Kohle und Edelsteine abgebaut und verarbeitet, Holzkohle, Glas und Keramik hergestellt. Im 19. und 20. Jahrhundert war es ein Zentrum der Schwerindustrie. Aufgrund seiner Grenzlage und der hervorragenden gewerblichen Entwicklung wurde es immer wieder Ziel französischer Annexionspolitik und Aufmarschgebiet für deutsche Angriffe auf das Nachbarland. Seit der zweiten Hälfte des 20. Jahrhunderts gilt das Saarland als Musterbeispiel der guten Beziehungen zwischen Deutschland, Frankreich und Luxemburg.

Wolfgang Behringer ist Professor für Geschichte der Frühen Neuzeit an der Universität des Saarlandes. Von ihm sind bei C. H. Beck lieferbar: «Hexen. Glaube, Verfolgung, Vermarktung», bsr 2082, und «Kulturgeschichte des Klimas. Von der Eiszeit bis zur globalen Erwärmung».

Gabriele Clemens ist Professorin für Neuere Geschichte und Landesgeschichte an der Universität des Saarlandes. Von ihr ist bei C. H. Beck lieferbar: «Geschichte der Stadt Trier».

Wolfgang Behringer
Gabriele Clemens

GESCHICHTE DES SAARLANDES

Verlag C.H.Beck

Mit zwei Karten
(gefertigt von Peter Palm, Berlin)

Originalausgabe

Gesamtherstellung: Druckerei C.H. Beck, Nördlingen
Umschlagentwurf: Uwe Göbel, München
Printed in Germany
ISBN 978 3 406 58456 5

www.beck.de

Inhalt

Einleitung **7**

1. Ursprünge **8**
Vor- und Frühgeschichte 8
Die keltische Saar 10
Römer und ihre Saarbrücken 11

2. Mittelalter **15**
Fränkisches Frühmittelalter 15
Hochmittelalterlicher Landesausbau 20
Das «Westrich» im späten Mittelalter 24

3. Frühe Neuzeit **29**
Die Dynastie Nassau-Saarbrücken 29
Einführung der Reformation 31
Blütejahre vor dem Dreißigjährigen Krieg 35
Kriegselend und französische Annexionsversuche 41
Spätbarocke Blütezeit und Aufgeklärter Absolutismus 52

4. Das lange 19. Jahrhundert **63**
Die französische Herrschaft – vom Untertan zum Bürger 63
Unter Preußen und Bayern 71
Der wirtschaftliche Boom 77
Im Deutschen Reich 81

5. Erster Weltkrieg, Saarstatut und Nationalsozialismus **92**
Die Urkatastrophe des 20. Jahrhunderts – der Erste Weltkrieg 92
Mandatsgebiet des Völkerbunds 94
Der Nationalsozialismus 100

6. Das Saarland im Strukturwandel **109**
Zwischen Frankreich und Deutschland 109
Das elfte Bundesland im Herzen Europas 115

Literaturverzeichnis **119**

Saarländische Regenten und Ministerpräsidenten seit dem 12. Jahrhundert **122**

Personenregister **125**

Einleitung

Mit dem Saarland stellen wir ein Bundesland vor, das keine große Metropole besitzt, aber es stets verstand, als Grenzregion von der Nähe zentraler Orte zu profitieren. In der Antike war dies die römische Kaiserstadt Trier, im Mittelalter die fränkische Königsstadt Metz, in der Neuzeit Paris, und neuerdings sind es die europäischen Hauptstädte Brüssel und Straßburg. Das Land ist aber nicht durch bescheidene Provinzialität gekennzeichnet, sondern durch kulturellen Eigensinn und wirtschaftliche Wandlungsfähigkeit.

Das Land an der mittleren Saar gehört seit der Eisenzeit zu den dicht besiedelten Gebieten Europas: Hier wurden Eisen, Kohle und Edelsteine abgebaut und verarbeitet, Glas und Keramik hergestellt. Wasser, Wälder und fruchtbare Böden gab es im Überfluss. Die römische Saarbrücke wurde zum Kristallisationskern einer Stadt, die mit dem Heiligtum von St. Arnual die Wirren der Völkerwanderung überlebte. Der fränkische Saargau wurde zu einer hochmittelalterlichen Grafschaft, über welche die Burg Saarbrücken wachte.

Das Landeswappen weist auf die Territorien hin, in denen die Menschen die längste Zeit ihrer Geschichte lebten: Die *Grafschaft Saarbrücken* (goldbekrönter silberner Löwe im blauen Feld), das *Kurfürstentum Trier* (rotes geschliffenes Kreuz auf silbernem Grund), das *Herzogtum Pfalz-Zweibrücken* (rotbekrönter goldener Löwe im schwarzen Feld) sowie das *Herzogtum Lothringen* (drei silberne Adler auf rotem Balken im goldenen Feld).

Die schon im 16. Jahrhundert einsetzende Industrialisierung verlieh der Region Gewicht und weckte Begehrlichkeiten. Das absolutistische Frankreich versuchte die Annexion einer *Province de la Sarre,* und das revolutionäre Frankreich schuf ein *Département de la Sarre.* Die Besatzungsmacht propagierte

1919 einen *État de la Sarre*. Daraus wurde das *Saargebiet* der Völkerbundzeit, gegen das Patrioten die Vorstellung eines deutschen *Saarlands* setzten.

Abseits der Industriegebiete blieb das Land grün, es gehört zu den waldreichsten Regionen Europas. Seine Burgen und Flüsse ziehen Erholungssuchende an. Seit Schließung der meisten Kohlegruben befindet sich das Land im permanenten Strukturwandel, wobei neben der Stahl- und Autoindustrie die lebendigen mittelständischen Unternehmen und die noch in französischer Zeit gegründete Universität des Saarlandes eine wichtige Rolle spielen.

Das Saarland entstand in den heutigen Grenzen – wie die meisten Bundesländer – erst nach dem Ende des Zweiten Weltkriegs. Für die ältere Zeit ist das Land an der mittleren Saar gemeint, historisch das Herzstück des *Westrichs*, eine alte Königslandschaft. Das Selbstbewusstsein der Menschen an der Saar war groß genug, dass sie nach der Auflösung der alten Territorien nicht in Preußen, Bayern oder Frankreich aufgehen wollten, sondern an ihrer Eigenständigkeit arbeiteten.

Während die meisten Deutschen einfach in Deutschland geboren wurden, entschieden sich die Saarländer bewusst für Deutschland, 1935 und 1955 sogar in Volksabstimmungen. Mit dem Beitritt zur Bundesrepublik am 1. Januar 1957 ist das Saarland das jüngste der «alten» Bundesländer. Mit etwa einer Million Einwohnern auf 3000 Quadratkilometern ist es – von den Stadtstaaten abgesehen – das kleinste deutsche Bundesland.

I. Ursprünge

Vor- und Frühgeschichte

Das Saartal wurde bereits während der Altsteinzeit (Paläolithikum) von Großwildjägern durchstreift, wie Funde von Faustkeilen und Lagerplätzen zeigen. Die Ankunft des *Homo Sapiens Sapiens* beweisen Feuersteinmesser sowie Lanzen- und Pfeilspitzen aus der jüngeren Altsteinzeit. Aus der Zeit des letzten Eiszeitmaximums gibt es keine Besiedlungsspuren. Doch mit dem Ende der großen Eiszeit kehrten die Jäger zurück. Mit der globalen Erwärmung des Holozäns vor etwa 10 000 Jahren veränderten sich Flora und Fauna und die Lebensweise der Menschen. Die Ausbreitung der Wälder vertrieb die eiszeitliche Megafauna. Die neu eingewanderten Jagdtiere blieben ortsfest und ermöglichten in der mittleren Steinzeit (Mesolithikum) menschliche Ansiedlungen. Die Steingeräte wurden anspruchsvoller und mit der Verbreitung der Landwirtschaft in der Jungsteinzeit (Neolithikum) auch häufiger. Mit Ackerbau und Viehzucht bildeten sich Formen ganzjähriger Sesshaftigkeit aus, und die Bevölkerungszahl stieg.

Von der Neolithischen Revolution künden die Funde von Mahlsteinen für Getreide bei Neunkirchen, Merzig und anderen saarländischen Orten. Die Steingeräte sind geschliffen und poliert, die Beilklingen zur Aufnahme des Holzstieles säuberlich durchbohrt. Die in stattlicher Zahl in saarländischen Sammlungen vorhandenen Steinbeile lassen auf dichte Besiedlung schließen. Bei Überherrn wurde ein großer durchbohrter Pflugkeil zur Bodenbearbeitung gefunden. Schwer datierbar sind die aufgerichteten Riesensteine, *Menhire*, wie der sieben Meter hohe Gollenstein oberhalb von Blieskastel, der größte Menhir Mitteleuropas, oder der fünf Meter hohe Spellenstein bei Rentrisch. Ihre Tradition könnte in die Jungsteinzeit zurückreichen, doch wurden solche Steinsetzungen bis in die Bronzezeit vorgenommen.

Depotfunde mit Bronzeäxten, Beilen, Schwertern, Trensen und Schmuck, die in der Mitte des 19. Jahrhunderts bei Straßenbauarbeiten an der mittleren Saar entdeckt wurden, zeigen die entwickelte Kultur der Metallbearbeitung im 2. Jahrtausend v. Chr. Bei St. Barbara/Wallerfangen stieß man auf eine Kupfermine, die bei der Herstellung von Bronze eine Rolle gespielt hat. Spätbronzezeitliche Schatzfunde wie der von Erfweiler-Ehlingen (Gemeinde Mandelbachtal) im Jahr 2007 beweisen, dass man auch an Blies und Saar in ein kriegerisches Zeitalter eingetreten war. Grabhügel signalisieren die Bestattung sozial herausgehobener Verstorbener («Fürsten»). Die Verteilung der Grabfunde zeigt Siedlungsschwerpunkte im Schwemmland von Saar und Blies an, die sich für den Ackerbau am besten eigneten. Von den damaligen Bewohnern kennen wir weder Namen noch Sprache.

Die keltische Saar

Bereits zu Beginn der Eisenzeit entdeckten Prospektoren die Eisenvorkommen im Saartal. Gegenüber der Bronzezeit nimmt seit dem 9. Jh. v. Chr. die Zahl der Fundstücke und der Bestattungen rapide zu. Die Grabhügel der Hallstattkultur liegen meist auf Höhenzügen, auch die Siedlungen wurden aus den überschwemmungsgefährdeten Talgründen verlegt. Bewaldete Mittelgebirge wie Hunsrück und Hochwald wurden nun erstmals besiedelt. Mit der Hunsrück-Eifel-Kultur (6.–3. Jh. v. Chr.), die sich durch Grabhügelfelder mit Körperbestattung und Beigaben auszeichnet, tritt erstmals eine regionale Kulturgruppe hervor.

In der jüngeren Eisenzeit (La-Tène-Zeit) weisen Gräberfelder und aufwändige Fürstengräber auf wachsenden Wohlstand und weit gespannte Handelsbeziehungen hin. Der Grabhügel der «Keltenfürstin» von Reinheim enthielt goldene Armreifen und Fingerringe, eine goldene Brustplatte, Perlen aus baltischem Bernstein sowie das mediterrane Schmuckmotiv der Sphinx. Eine große Bronzeschnabelkanne belegt Importe aus Italien. Beeindruckende Befestigungsanlagen wie der über zwei Kilometer lange, zehn Meter hohe und 40 Meter breite Ringwall von Otzenhausen im nördlichen Saarland sowie Anlagen bei Nonnweiler-Kastel, Rehlingen-Siersburg-Königsberg, Saarbrücken-Sonnenberg, Schmelz-Limbach-Birg, Wallerfangen-Limberg gehören wie die Fürstengräber in die Zeit der keltischen *Oppida*. Kleinere Ringwälle gibt es überall im Saarland.

Bauten und Grabfunde lassen sich jetzt erstmals konkreten Völkern zuordnen. Das von ca. 400 v. Chr. bis 50 v. Chr. genutzte *Oppidum* von Otzenhausen liegt auf dem Gebiet der keltischen Treverer mit Zentrum an der Mosel. Berühmt waren sie für ihre Reiter und Kampfwägen, die auch auf ihren Münzen erscheinen (Goldstater von Saarbrücken). Im Süden grenzte ihr Gebiet an das der keltischen Mediomatriker, die für ihre Eisen-

und Salzgewinnung bekannt waren. Ihr Schwerpunkt muss in der Gegend von Metz gelegen haben, das Siedlungsgebiet umfasste die Oberläufe von Saar, Maas, Mosel und Seille, das mittlere Saartal und das Bliestal. Der Grenzsaum zwischen den beiden Völkern lief durch das waldreiche nördliche Saarland. Wie lange die Kelten schon in der Region siedelten, bleibt unklar, doch war der Übergang von der Hunsrück-Eifel-Kultur in die Zeit der Treverer bruchlos. Die Kelten prägten die Kultur der Region bis in die Römerzeit. Dies zeigen die römische Geschichtsschreibung (Cäsar, Strabo, Tacitus etc.) und die anhaltende Verehrung der Fruchtbarkeitsgöttinnen Epona und Rosmerta. Wie überall in Mitteleuropa sind Gewässer- und Gebirgsnamen indogermanischen bzw. keltischen Ursprungs. Dazu gehören Blies, Nied (von idg. «fließen») und Saar (von idg. «strömen»).

Römer und ihre Saarbrücken

Seit der Eroberung Galliens durch den römischen Prokonsul Gaius Iulius Cäsar (100–44 v. Chr.) wissen wir, mit welchen Orten und Akteuren wir es zu tun haben, denn in seiner Schrift *Über den Gallischen Krieg* werden die Namen genannt. Der Aufstand des Keltenhäuptlings Vercingetorix im Jahr 52 v. Chr. wurde von den Mediomatrikern unterstützt, die ihr Zentrum bei der Stadt *Divodurum* (Metz) hatten. Erschlossen wurden die eroberten Gebiete in den Jahren 16–13 v. Chr. unter Kaiser Augustus (63 v. Chr.–14 n. Chr.). Im Norden der Provinz *Gallia* wurde die Provinz *Belgica* mit Hauptort *Durocortorum* (Reims) eingerichtet. Darin lag die kaiserliche Gründung *Augusta Treverorum*, die Augustus-Stadt der Treverer (Trier), wo im Jahr 17 v. Chr. eine Holzbrücke über die Mosel geschlagen wurde. Nach dem Aufstand der Treverer im Jahr 71 wurde sie durch eine Steinbrücke ersetzt. Seit der Teilung der Provinz *Belgica* wurde Trier unter Kaiser Diokletian (ca. 245–313) Hauptort der Provinz *Belgica Prima*, zwischen 286 und 395 war es kaiserliche Residenz und eine Hauptstadt des Römischen Imperiums.

Die Nähe der Hauptstadt, die Schönheit und die Ressourcen der Landschaft haben zu einer intensiven Durchdringung des

Landes geführt, nicht zuletzt aufgrund der Infrastruktur, mit der die Römer das Land überzogen. Die Saar war schiffbar, wie Ausonius (ca. 310–395) in seinem Gedicht *Mosella* (Vers 367) erwähnt, und diente zum Warentransport nach Trier. Aus den Wäldern ließ sich Bauholz gewinnen, in Minen wurde Eisen und Kupfer abgebaut. Bei Wallerfangen bestand ein Kupferbergwerk, das laut Inschrift einem Emilianus gehörte. Ziegel aus der Fabrik des Quintus Valerius Sabellus wurden das Saartal hinauf befördert. Die Werkstatt des Töpfers Satto in Blickweiler lieferte im 2. Jahrhundert Keramik bis nach Britannien und an die obere Donau. Auf dem Bergheiligtum *Herapel* über dem Zusammenfluss von Rossel und Saar weihten Kaufleute im Jahr 21 eine Inschrift Kaiser Tiberius (reg. 14–37). Für die Römerstraßen von Metz nach Trier und nach Obergermanien, nach *Borbetomagus* (Worms) und *Argentoratum* (Straßburg) wurden in der Gegend der heutigen Städte Konz, Saarbrücken und Sarrebourg Brücken über die Saar errichtet.

In der Nähe von Trier entstanden luxuriöse Anlagen wie die Villa von Perl-Nennig mit dem größten noch in situ erhaltenen Bodenmosaik nördlich der Alpen (Museum Römische Villa und Mosaik Nennig) oder dem prachtvollen Gutshof von Borg (Freilichtmuseum Römische Villa Borg). Quer durch das Saartal finden sich Kleinstädte (*vici*) und Gutshöfe (*villae*), außerdem Heiligtümer und Bestattungsareale, Verkehrsstationen (*mansiones*) und in der unruhigen Spätantike Kastelle für militärische Garnisonen. An der Straße von Metz nach Worms entstand etwa Mitte des 1. Jahrhunderts unterhalb des Halbergs (heute Sitz des Saarländischen Rundfunks) auf dem Gebiet des heutigen Saarbrücken eine Siedlung. Dort kreuzte die Straße, die von Trier über Pachten und Bliesbrück weiter über *Pons Saravi* (Sarrebourg) und *Tabernium* (Zabern) nach *Argentoratum* (Straßburg) führte. Als Folge des Brückenbaus (Saarbrücker Straße «An der Römerbrücke») entstand zusätzlich ein *vicus*, der mit der Straßensiedlung zusammenwuchs. Mit 30 Hektar beanspruchte die Gesamtsiedlung eine größere Fläche als der namentlich bekannte *vicus Contiomagus* (Dillingen-Pachten) oder die *vici* von Wareswald (bei Tholey), Schwarzenacker

(Römermuseum Schwarzenacker) und Nennig und war ähnlich groß wie der *vicus* von Reinheim-Bliesbrück (seit 1989 Europäischer Kulturpark).

Der Name des *vicus* von Saarbrücken war vermutlich *Saravus*. Auf einem am Bergheiligtum des Donon in den Vogesen nahe den Saarquellen gefundenen Gedenkstein weist der Römer Lucius Vatinius Felix darauf hin, dass er von der Saarsiedlung aus («*a vico saravo*») zu Ehren des Gottes Merkur um das Jahr 200 n. Chr. 62 Meilensteine (*milaria*) hatte aufstellen lassen. Dies würde zur Strecke bis Saarbrücken passen. Stattliche einzeln stehende, mit Ziegeln gedeckte Gebäude aus Stein mit bis zu 15 Metern Breite zur Straßenfront (heutige Saarbrücker Straße «Römerstadt»), Hypokaust-Anlagen (Fußbodenheizung) und Lagerkeller aus großen Sandsteinquadern zeigen an, dass dies keine einfache Handwerkersiedlung war. Eisenschlacken und Schmiedewerkzeug sprechen von Eisenverarbeitung. Gewichte mit Zahlzeichen deuten auf Handel hin. Aufwändige Wasserleitungen von umliegenden Bergen (Schwarzenberg, Eschberg), Bodenfunde wie ein Arztbesteck (Skalpell, Salbenbehälter), Götterstatuetten und stattliche Grabsteine entlang der Straße nach Worms lassen eine florierende Kleinstadt erkennen. Die Holzbrücke wurde nach einigen Jahrzehnten durch eine Steinbrücke ersetzt. Am gegenüberliegenden Ufer komplettierte eine Villenanlage den Siedlungskomplex.

Die römische Alltagskultur überlagerte die lokalen Lebensformen bis hinein in religiöse Vorstellungen. Nur wenige Kulte waren rein keltisch wie die Verehrung der Pferde- und Fruchtbarkeitsgöttin Epona, von der allein am Weiherdamm (Völklingen-Ludweiler) fünf Steinreliefs gefunden wurden. Keltische Götter wurden an römische Vorstellungen angeglichen, etwa Teutates an Jupiter, an den Funde von Jupitergigantensäulen am Eschberg (Saarbrücken-Eschberg), in St. Wendel-Dörrenbach und Schwarzenacker erinnern. Mit den römischen Truppen kam auch die Christusverehrung. Spätestens nachdem Trier Kaiserresidenz wurde, wurde es auch Bischofssitz. Kaiser Konstantin der Große (ca. 285–337) räumte den Christen 313 die Kultfreiheit ein, die Kirchenväter Ambrosius (339–397) und Hieronymus (347–419) hielten sich in Trier auf. Als das Christentum im Jahr 380 unter Theodosius I. (347–395) Reichsreligion wurde, galt dies auch für das Saarland.

Das Schicksal des gallorömischen Saarbrücken ist charakteristisch für alle Siedlungen in diesem Raum: Während der *Pax Romana* vom 1. bis zum frühen 3. Jahrhundert erlebte die Region eine Blütezeit. Gewerbe- und Münzfunde, Skulpturen und Kleinfunde, Grabmäler, Wasserleitungen für öffentliche Brunnen und private Bäder zeugen von Wohlstand. Die Krisenzeit des 3. Jahrhunderts mit Missernten, Aufständen und Barbarenüberfällen bedeutete eine Zäsur. Nach der Aufgabe des Limes zwischen Rhein und Donau drangen die Franken und Alemannen über den Rhein. Das römische Saarbrücken wurde – wie auch die *vici* von Schwarzenacker und Dillingen-Pachten – im Frühjahr 276 niedergebrannt. Münzdepots zeugen davon, dass nicht alle Bewohner überlebten. Unter Kaiser Probus (r. 276–282) begann der Wiederaufschwung. Die Siedlungen florierten, und aus der Zeit Kaiser Konstantins haben sich zahlreiche Münzfunde erhalten. Als die Alemannen 352 den Rhein überschritten, gingen die Siedlungen wieder in Flammen auf. Unter Kaiser Valentinian I. (321–375), der im Jahr 367 in *Augusta Treverorum* Residenz nahm und an der Saarmündung in *Contionacum*/Konz eine prächtige Kaiservilla errichten ließ, stabilisierte sich das Leben. Römische Kastelle – im Jahr 369 wird *Martiaticum*/Merzig erwähnt – sollten die Sicherheit erhöhen. Auch im römischen Saarbrücken wurde ein Militärkastell errichtet (heutige Straße «Am Römerkastell»). Die Spätblüte war aber kurz. Die letzten römischen Münzen datieren auf das Jahr 395.

Unter dem Ansturm der Völkerwanderung brach die römische Zivilisation zusammen. Der Kaiserhof wurde von Honorius (r. 395–423) im Jahr 395 von Trier nach Mailand verlegt, die Gallische Präfektur, Oberbehörde für Gallien, Britannien und Spanien, 407 von Trier nach Arles. In den unruhigen Jahren, als die Westgoten Rom einnahmen, wurde Trier und sein Umland bis 435 viermal von den Franken und ihren Verbündeten geplündert. Auch Alemannen setzten sich im Saartal fest. Der römische Heermeister Aetius (ca. 390–454) vernichtete 436 die von Worms eingewanderten Burgunder. 451 besiegte er in Allianz mit den Westgoten die Hunnen unter Attila (r. 434–453) auf den Katalaunischen Feldern. Danach beherrschte Arbogast, ein römisch gebildeter Christ, Trier und sein Umland. Er dürfte etwa zu der Zeit, als der letzte Kaiser in Rom (476) abgesetzt wurde, den Franken erlegen sein. Am Ende des Jahrhunderts leitete Chlodwig I. (r. 481–511) die Bildung eines Großreiches mit Zentrum im Pariser Becken ein, das die gallorömische Bevölkerung (486) und die Alemannen (496) unterwarf. Römische Münzserien und schriftliche Nachrichten brechen ab, mit dem Untergang Roms beginnen die «dunklen Jahrhunderte» des Mittelalters.

2. Mittelalter

Fränkisches Frühmittelalter

Der Zusammenbruch des Imperiums ging mit einer Implosion der Bevölkerungszahl einher. Überfälle, Kriege und Seuchen führten zum Verfall der Siedlungen, Wege und Ackerflächen. Pollenanalysen belegen den Niedergang der Landwirtschaft. Die Siedlungsruinen wurden von der Natur zurückerobert. «Urwälder» wuchsen heran. Das Überleben keltischer Flussnamen weist aber auf Bevölkerungskontinuität hin. Ortsnamen wie Wahlschied, Wahlen (Kreis Merzig) oder Welschbach zeigen romanische Sprachinseln östlich der Sprachgrenze an. Entlang der Mosel und im Hochwald hielten sich um *Tegulegium*/Tholey Romanen. Nur wenige Orte an der Saar knüpfen – wie etwa *Bollacum*/Bliesbolchen oder *Mediolacum*/Mettlach – direkt an römische Ortsnamen an. Dichter sind die Beispiele an der saarländischen Mosel (*Bessiacum*/Besch, *Bubiacum*/Bübingen, *Burnacum*/Borg, *Miniciacum*/Münzingen, *Nanniacum*/Nennig *und Sentiacum*/Sinz). Ruinenkontinuität finden wir in Pachten, wo fränkische Siedler ihre Gräber in das antike *Contiomagum* hineinbauten, dessen Name verloren ging. Auf römische Mauerreste verweist das 777 genannte *Auricas Macherea*/Auersmacher.

Während die Franken westlich der Mosel von den Galloromanen assimiliert wurden, blieb an der Saar Fränkisch soweit vorherrschend, dass bis heute die Sprachgrenze zwischen Moselfränkisch und Rheinfränkisch erkennbar ist: Die sogenannte dat/das-Linie verläuft auf der Höhe von Völklingen quer durch das Saarland. Die fränkische Neubesiedelung stellt man sich heute als eine wenigstens teilweise durch das Königtum gelenkte Bewegung vor. In frühen Ortsgründungen verewigten sich oft die Gründer, deren Namen wie im ganzen süddeutschen Raum mit den Nachsilben -ingen, -heim oder -dorf (villa, wilare, weiler) kombiniert wurden. Das Reihengräberfeld von Losheim deutet auf eine Gründung um das Jahr 500. Zeitnahe Einblicke erhalten wir durch Urkunden 777 für Fechingen (*Fechingas*, bei den Leuten des Facho), 822 für Völklingen (*Fulcolingas*, Fulkilo), 888 für Lendelfingen (Landwulf). Karl der Große bestätigte im Jahr 782 seinem Hofkaplan Fulrad von St. Denis Besitz in Blittersdorf (*Blitthariovilla*) an den Flüssen Saar (*Saroa*) und Blies (*Blesa*). Im Hochmittelalter sind die Siedlernamen kaum noch erkennbar, etwa bei Illingen (893 *Letoltingas*, bei den Leuten des Leutwald), Wadgassen (902 *Wadegozzinga*, bei den Leuten des Wadugoz) oder Dudweiler (977 *Duodonisvillare*). Die im 6. und 7. Jahrhundert gegründeten Dörfer liegen oft im Bereich der heutigen Ortskerne.

Die Weichen für die Christianisierung der meist heidnischen Siedler wurden mit der Taufe König Chlodwigs in Reims durch Bischof Remigius (ca. 436–533) um das Jahr 500 gestellt. Die Annahme der Reichsreligion erleichterte die Integration der vorgermanischen Bevölkerung. Als Missionare an Saar und Blies gelten neben dem von Gregor von Tours erwähnten Langobarden Wulfilaich/Walfroy (gest. ca. 600) die später heilig gesprochenen iroschottischen Missionare Ingobertus (gest. ca. 600) und Wendalinus (gest. ca. 617). Züge einer Diözesanorganisation werden sichtbar, wenn der fränkische Adlige Adalgisel-Grimo im Jahr 634 dem Dom von Verdun umfangreichen Besitz in *Teulegio*/Tholey vermacht, darunter eine von ihm erbaute Kirche, deren Geistliche von Trier gestellt werden. Bischof Liutwin von Trier (gest. ca. 723) gründete auf seinen Besitzungen an der Saar das Kloster Mettlach. Sein Enkel, Graf Warinhar, schenkte Land an den westgotischen Missionsbischof Pirmin (gest. 753) für die Gründung des Klosters Hornbach. Die Grablegen dieser christlichen Heiligen wurden später alle zum Ziel regionaler Wallfahrten.

Im 6. Jahrhundert zeichnete sich eine geographische Neuorientierung ab: Metz trat als Zentralort an die Stelle von Trier, seit es unter König Sigibert I. (r. 561–575) zur Hauptstadt Austrasiens wurde. Childebert II. (r. 575–596) stattete den Bischof von Reims mit Königsgut an der Saar aus, woran das Bischofsdorf Bischmisheim erinnert. Theudebert II. (r. 596–612) bedachte Bischof Arnulf von Metz mit dem Königshof Merkingen, das – möglicherweise nach seinem Begräbnis – in St. Arnual umbenannt wurde. Arnulf gehörte zur Sippe der Pippiniden, die durch ihr Bündnis mit dem Papsttum zur dominierenden Kraft im Frankenreich wurden. Karl der Große (747–814) betrachtete ihn als Stammvater der Karolinger. Unter Bischof Chrodegang von Metz (r. 742–766) nahmen die Kirchsprengel Gestalt an. Mit dem Bau von Pfarrkirchen entstanden Ortsnamen mit dem Suffix -kirchen. Wiebelskirchen (heute in Neunkirchen) wird 767 in einer Wormser Schenkung an Fulda urkundlich erwähnt.

Kirchenrechtlich blieb Metz unter der Direktion von Trier, dessen Kirchenprovinz an die politische Struktur der Spätantike anschließt. Obwohl in der Merowingerzeit auch Metzer Erzbischöfe bekannt sind, errang Trier dauerhaften Vorrang vor seinen Suffraganbistümern Metz, Toul und Verdun. In den folgenden Jahrhunderten gelang es den Erzbischöfen von Trier, eine eigene Landeshoheit (Hochstift Trier) aufzubauen. Ihr Besitz im nördlichen Saarland wurde später in die Ämter Saarburg, Merzig und Grimburg eingeteilt. Die südlichsten Trierer Pfarreien waren Völklingen und Malstatt, die nördlichsten Metzer Pfarreien Ottweiler, Illingen und St. Ingbert. Der Süden der Diözese Trier wurde durch das Archidiakonat Tholey betreut, dessen frühgotische Abteikirche den Trierer Machtanspruch ebenso verdeutlicht wie die Stiftskirche St. Arnual den Metzer Anspruch. Die Diözesangrenzen blieben im Wesentlichen (Ausnahme: St. Wendel) bis 1802 bestehen.

Im späten 8. Jahrhundert begann eine Periode des Bevölkerungswachstums und der Rodungen, die bis zum Ende des 13. Jahrhunderts andauern sollte. Bereits in der Zeit der Merowinger wurden die Siedlungen in Gaue eingeteilt, deren Bezeichnung sich in der städtelosen Region an den Flüssen orientierte. Im Vertrag von Meersen werden 870 der obere und der untere Saargau (*Sarachova*) erwähnt, in der Mitte bei St. Arnual geteilt durch den Rosselgau, sowie der Niedgau (*Nitachova*) und der Bliesgau (*Blesitchova*). Das gebirgige Waldland des *Vosagus*, das die Vogesen, den Pfälzer Wald, den Hunsrück, den Hochwald und den Warndt umfasste, blieb unbesiedelt. Von diesem *Vosagus* leitet sich der Begriff Wasgau ab. Die zweite Welle von Ortsgründungen, deren Namen in der Karolingerzeit bevorzugt mit den Suffixen -weiler, -kirchen, -hausen oder -hofen gebildet wurden, geschah oft noch auf besserem Siedlungsland, den Muschelkalkböden des Saar- und des Bliesgaus. Der von Klöstern oder Adligen betriebene Landesausbau vermied noch die höheren Waldzonen, doch begann die Besiedelung der Nebenflusstäler, etwa im Nahegau. So verwundert es kaum, dass die Altpfarreien dicht gedrängt im Altsiedelland der fränkischen Landnahme lagen.

Mit der Aufteilung des Karolingerreiches im Vertrag von Verdun fielen Metz und Trier 843 an das Mittelreich König Lothars I. (795–855). Nach dem Zerfall dieses älteren Lotharingien kam es 870 unter König Ludwig «dem Deutschen» (ca. 805–876) an das ostfränkische Reich, aus dem Deutschland hervorging. Eine Urkunde von 871 erwähnt die Bliesgrafschaft (*comitatus Blesensis*). Das Mosel- und das Saarland wurden im 9. Jahrhundert durch Überfälle der Normannen und Ungarn erschüttert. 882 fiel Bischof Wala von Metz in der Schlacht von Remich gegen die Wikinger, 912 zerstörten die Ungarn Remiremont. Mit dem Übergang des Königtums an die Dynastie der Ottonen setzte mit Heinrich I. (ca. 875–936) eine politische Stabilisierung ein. In diese Zeit dürfte die Anlage einer ersten Saarbrücker Burg fallen, weitere Gaugrafenburgen wurden auf dem Großen Stiefelfels bei St. Ingbert und dem Altfelsberg bei Wallerfangen errichtet. Spätestens um 950 entstand die Feste Hohenburg, Keimzelle des Ortes Homburg. Auf einer Burg bei *Basenvillare* (späteres St. Wendel) fand 950 ein Treffen zwischen Kaiser Otto I. (912–973) und dem westfränkischen König Ludwig IV. (921–954) statt. Hundert Jahre später wird auf einem runden Felssporn (lat. *circulus*) die Reichsburg Kirkel erwähnt. Diese Zentren sollten über die Jahrhunderte eine wichtige Rolle spielen.

Nach dem Sieg Kaiser Ottos I. 955 auf dem Lechfeld über die Ungarn setzte die Befriedung der Reichsgrenzen ein. Das Bündnis mit der Reichskirche beförderte die Konsolidierung des Reiches, allerdings auch die Feudalisierung von Königsrechten. Die Königsburg *Sarabruca* wurde samt Königshof in Völklingen und den Waldgebieten von Quierschied und Warndt, nebst zugehörigen Dörfern, Feldern und Wiesen, Eigenleuten, Förstern, Kirchen, Zöllen, Märkten, Wassern, Fischrechten, Mühlen und Wäldern, am 14. April 999 von Kaiser Otto III. (980–1002) per Schenkungsurkunde – ausgestellt in Rom – Bischof Adalbero II. von Metz (r. 984–1005) unterstellt. Wie begehrt die *Veste Sarabruca* war, zeigt sich daran, dass sie zehn Jahre später von Kaiser Heinrich II. (973/978–1024) zurückerobert wurde. Kaiser Heinrich IV. (1050–1106) schenkte sie 1065 erneut den Metzer Bischöfen. Doch deren Macht war nicht von Dauer: Der Kaiser setzte seinen Gefolgsmann Sigebert zum Saargaugrafen ein und bedachte ihn (Urkunde Mainz 1180) mit reichem Besitz um Wadgassen zum unbeschränkten Eigentum. Im Investiturstreit gelang diesen Grafen die Emanzipation von ihren geistlichen Lehnsherren. Damit begann der Aufbau einer eigenen Landeshoheit.

Hochmittelalterlicher Landesausbau

Im hohen Mittelalter ebbten die Hungersnöte ab, und ein gesellschaftlicher Aufbruch setzte ein. Bereits für das 9. Jahrhundert rechnet man mit einer Verdoppelung der Bevölkerung. Die hochmittelalterliche Warmzeit verbesserte die Bedingungen für den Anbau von Brotgetreide und Wein. Rebstöcke wurden an der mittleren und oberen Saar gepflanzt, z.B. bei Fechingen oder Saargemünd. Jetzt wurden auch die ungünstigeren Böden in Angriff genommen, die Waldgebiete des Warndt, des Hochwalds, des Hunsrück und des Pfälzer Walds. Viele der neu gegründeten Orte tragen die Waldrodung mit Suffixen wie -scheidt, -schied, -loh, -holz, -reuth oder -rath im Namen. Bis zum Ende des 13. Jahrhunderts erreichte die Bevölkerung an der Saar Größenordnungen wie in der antiken Blütezeit. Die Siedlungsdichte kam um 1300 mit ca. 820 Siedlungen auf dem Boden des heutigen Saarlands zu einem Höchststand. Der hochmittelalterliche Landesausbau wurde in Grenzlagen durch Höhenburgen abgesichert, die gleichzeitig die Durchgangswege kontrollieren und Zolleinnahmen sichern sollten.

Der Landesausbau zeigte sich im Auftreten von Ministerialenfamilien, die im Auftrag ihres Lehnsherrn das Land verwalteten und erschlossen. Aus der Erbmasse Oberlothringens entstand als Lehen der deutschen Könige im 10. Jahrhundert das Herzogtum Lothringen. Kaiser Heinrich III. (1017–1056) belehnte damit um 1050 Gerhard von Elsass, der bereits über Güter im Bliesgau und im Saargau verfügte, die fortan mit Lothringen verbunden blieben. Nach dem Aussterben der Grafen von Blieskastel konnten die Herzöge ihren Besitz um das Gebiet des späteren Oberamtes Schaumburg weit nach Osten quer durch das nördliche Saarland ausdehnen. Erst 1787 ging dieser Besitzkomplex um Tholey von Frankreich an Pfalz-Zweibrücken über. Aus der Erbmasse Oberlothringens entstand außerdem die Grafschaft Luxemburg, benannt nach einem 1060 erhaltenen Lehen des Klosters St. Maximin in Trier, der *Lucilinburhuc*. Über die Mosel ragte der Luxemburger Besitz mit der Propstei Remich in das Saarland hinein.

Im Jahr 1118 erscheint die Burg Saarbrücken als Sitz einer Grafenfamilie, die sich nach der Burg nennt. Diese älteren Grafen von Saarbrücken betrachteten den Saargaugrafen Sigebert I. (r. ca. 1078–1105) als ihren Stammvater. Der Graf mit dem altfränkischen Königsnamen gehörte der Hocharistokratie des Reiches zur Zeit der Salier an. Die Saarbrücker Grafen emanzipierten sich von ihrem geistlichen Lehnsherrn soweit, dass ihre Grafschaft erblich wurde. Dass sie weiter von der Königsgunst abhängig blieben, zeigte 1168 die Fehde mit Kaiser Friedrich I. Barbarossa (1122–1190), der den Befehl zur Zerstörung der Burg Saarbrücken erteilte. Möglicherweise handelte es sich um eine symbolische Schleifung, denn die Burg gab es weiterhin, und 1171 wurde den Grafen erneut ihre Lehensabhängigkeit vom Bischof von Metz eingeschärft. Heinrich I. von Saarbrücken erbaute nach der Schleifung von Saarbrücken eine neue Burg im Osten des gemeinsamen Besitzes und nannte sie Zweibrücken. Ab 1196 nannte er seine Linie nach dieser Burg, und es kam zu einer Zersplitterung des Besitzes mit langfristigen Folgen, zumal sich in der nächsten Generation 1212 die Grafen von Leiningen abgliederten. Die Grafschaft Zweibrücken wurde 1385 an die kurpfälzische Linie des Hauses Wittelsbach verkauft. Diese schuf nach der Erbteilung von 1410 das Fürstentum Pfalz-Zweibrücken, das bis zum Ende des Alten Reiches bestand und dessen Herzöge zuerst die Kurpfalz und danach Kurbayern erbten. Das Königreich Bayern herrschte über diese Gebiete mit kurzen Unterbrechungen bis 1918.

Die Saarbrücker Grafen suchten ihre Lehensabhängigkeit von Metz zu mindern, indem sie ihre Beziehung zu Trier stärkten. Graf Friedrichs Witwe Gisela von Saarbrücken stiftete 1135 zusammen mit ihrem Sohn Simon I. die Abtei Wadgassen. Klosterstiftungen waren ein Mittel zur Beförderung des Landesausbaus und zur Etablierung kultureller Hegemonie. Zu den Chorherrenstiften St. Arnual, Tholey und Ottweiler sowie den benediktinischen Altklöstern Mettlach, Hornbach und Tholey kamen außer Wadgassen (Prämonstratenser, Grafen von Saarbrücken) noch die Neugründungen Neumünster bei Ottweiler (1005, Benediktinerinnen, Saarbrücken), Wörschweiler bei St. Ingbert (1131,

Zisterzienser, Grafen von Saarwerden), Merzig (1131, Augustiner, Rudolf von Merzig), das Damenstift Fraulautern (um 1150, Augustinerinnen, Grafen von Saarbrücken), die Deutschordens-Kommende St. Elisabeth bei Saarbrücken (1227, Deutscher Orden, Grafen von Saarbrücken) und Gräfinthal, (1243, Wilhelmiten, Gräfin Elisabeth von Blieskastel). 1293 stiftete Ritter Gerhard von Beckingen seinen Besitz dem Deutschen Orden, der in Beckingen eine Landkomturei einrichtete. Kurz nach 1300 gründeten Augustiner aus Trier ein Kloster in Wallerfangen.

Wadgassen wurde zum Saarbrücker Hauskloster, doch auch andere Adlige wollten hier begraben werden. Die Bischöfe und Domkapitel von Trier, Worms und Metz übertrugen Patronatsrechte und die Pfarrseelsorge in einer steigenden Zahl von Pfarreien. Der Adel und später auch Stadtbürger erkauften sich Jahrtage und andere Gebetsdienste und nutzten das Kloster als Kreditgeber. Dazu wurde es durch zahlreiche Stiftungen in die Lage versetzt, die ihm Häuser, Mühlen, Hofgüter und ganze Dörfer samt hörigen Bauern, Weingärten, Fischwässern, Weide- und Holzrechten, Wäldern, Äckern und Wiesen, Zehnten, Abgaben und Renten sowie Anteilen an Salinen und Zöllen bescherten. Manche Schenkungen ließen sich die Äbte von Kaisern und Päpsten bestätigen. Der Kreis der Stifter liest sich wie ein Lexikon des regionalen Adels: die Grafen von Saarbrücken, Zweibrücken, Luxemburg, Forbach, Bitsch und Leiningen, die Raugrafen, die Herzöge von Lothringen und die edlen Ritter von Castel, Dagstuhl, Felsberg, Fleckenstein, Grimberg, Hagen, Kirkel, Kriechingen, Lisdorf, Lützelstein, Montclair, Siersberg, Stein, Warsberg, Wolmeringen etc. Kauf- und Tauschgeschäfte fanden praktisch mit allen Klöstern der Region statt. Das Kloster betrieb in Wadgassen ein Spital und eine Schule. Wadgassen erwies sich als so stark, dass seinem Abt 1182 sogar die Leitung des Klosters der Augustiner in Merzig samt dessen Eigentum übertragen wurde. 1466 konnte die Abtei sogar die Hochgerichtsbarkeit erwerben und 1480 die neue Wallfahrt zur Hl. Oranna installieren. Das Kloster widerstand der Reformation, blieb katholisch unter einem protestantischen Landesherrn und strebte nach Reichsunmittelbarkeit.

Die Saarbrücker Grafen hatten mit ihren Brüdern als Bischöfen von Worms, Mainz und Speyer eine Entwicklung an vorderster Front miterlebt, welche die Welt des Mittelalters verändern sollte: den Aufstieg der Stadt. Die Kaufleute verlangten nach Selbstregierung und riskierten den Konflikt mit ihren Stadtherren. Die Bürger von Worms vertrieben 1073 den bischöflichen Stadtherrn, die Mainzer 1077. Erzbischof Adalbert I. von Saarbrücken (gest. 1137) gewährte ihnen 1118 ein Freiheitsprivileg, ebenso erhielt Speyer sein kaiserliches Freiheitsdiplom zur Zeit des Saarbrücker Episkopats. Wie gingen die Grafen mit ihrer eigenen Siedlung um? Noch im 12. Jahrhundert entstand unterhalb der Burg Saarbrücken das *suburbium*, eine Ansiedlung, hervorgegangen aus der 1046 erwähnten *villa sarabrucka*. Im Jahr 1190 schenkte Dekan Eberwin von St. Arnual seinem Stiftskapitel ein Wohnhaus in Saarbrücken. In der Stiftungsurkunde für den Deutschen Orden wird 1227 ein Stadttor erwähnt, die Siedlung verfügte über eine Ummauerung, war rechtlich vom Land geschieden und zeigt damit wesentliche Züge einer frühen Stadt. Belegt sind eigene Maße, Münze, Stadtwaage und lombardische Fernhändler. Die Formel *Sarbruche et comitatum Sarepontis* deutet die Stadt als Verwaltungsmittelpunkt der Grafschaft. Doch unter den alten Saarbrücker Grafen erhielten die Stadtbürger niemals verbriefte Rechte.

Erst unter den Grafen der Linie Saarbrücken-Commercy besserte sich ihre rechtliche Situation. Graf Johann I. (ca. 1260–1342) sprach 1316 formell von der «stat zu Sarbrucken». 1322 erhielt diese zusammen mit der Siedlung St. Johann am anderen Saarufer ihren Freiheitsbrief. Darin wird Saarbrücken als Stadt, St. Johann zuerst als Dorf bezeichnet, bevor am Ende derselben Urkunde von zwei Städten im Plural die Rede ist. Saarbrücken und St. Johann wurden damit eine Doppelstadt mit gemeinsamem Recht und paritätisch besetzten Institutionen (Stadtregierung, Stadtgericht). Abgabenlast und Frondienste blieben jedoch drückend, und die Bürger erlangten Abzug nur gegen Güterkonfiskation. Ohne stadtbürgerliche Freiheit – freies Verfügungsrecht über die eigene Person und das Eigentum – war die Doppelstadt aber nicht attraktiv für Neubürger von außerhalb. Sie blieb bis zum Ende des Alten Reiches Bestandteil der Grafschaft Saarbrücken.

Das «Westrich» im späten Mittelalter

Durch Übervölkerung und Klimaschwankungen kam es in der Krise des Spätmittelalters seit Beginn des 14. Jahrhunderts zu einem dramatischen Rückgang der Bevölkerung, beginnend mit der Hungerkatastrophe der Jahre 1316–1322 und verstärkt durch Missernten der 1330er und 1340er Jahre und die in Europa eintreffende Pest. Im 14. und 15. Jahrhundert wurden ca. 54% der hochmittelalterlichen Dorfsiedlungen auf dem Boden des heutigen Saarlands aufgegeben. An sie erinnern übrig gebliebene Steinbauten, Kapellen, Mühlen oder Einzelhöfe, oft auch nur noch Ruinen, Mauerreste, Obstbäume, Flurnamen oder Erwähnungen in Urkunden. Doch spielten auch Faktoren wie die gleichzeitige Urbanisierung eine Rolle. Tilemann Stella (1525–1589) weist in seiner Ämterbeschreibung 1564 darauf hin, dass die Einwohner des wüst liegenden Dorfes Volkerskirchen nach Kirkel gezogen seien. Eschweiler verlor seine Bewohner an Berus, zurück blieb die Pfarrkirche, die 1480 zur Oranna-Kapelle umgewandelt wurde. Städte wie Saarbrücken, Ottweiler, St. Wendel, Merzig und Blieskastel boten größere Sicherheit und Komfort. Als Folge der Wüstungen gingen die Einnahmen der Grundherren zurück. Wenn wir 1429 von Eisenschmieden und Steinkohlegewinnung bei Ottweiler, Schiffweiler und Landsweiler, wenig später in Sulzbach und Ritterhofen bei Püttlingen hören, könnte dies bedeuten, dass die Herren nach neuen Einnahmequellen suchten.

Auch die Herausbildung von Territorien mit festen Grenzen muss man in den Kontext der Krise stellen, allerdings mit älteren Wurzeln. Mit dem Aufstieg der Reichsministerialität begann die Umschichtung der Königsrechte. Durch Akkumulation von Regalien wie Hochgerichtsbarkeit, Grundherrschaft, Klostervogtei, Münz-, Zoll- und Marktrecht, Straßen- und Geleitsrecht, Forst-, Jagd- und Bergrecht bauten Fürsten und Grafen eigene Territorien auf. Die Mächtigen arrondierten ihren Besitz durch

Verdrängung fremder Herrschaftsrechte und bauten Personenverbände zu Flächenstaaten um. Höhenburgen wie das schon im 9. Jahrhundert bezeugte Skiva/Montclair und Dagstuhl (alle Kurtrier), Siersburg und Altfelsberg (alle Lothringen), Schauenburg/Schaumburg bei Tholey (Luxemburg, später Lothringen) sowie Zweibrücken (Saarbrücken, später Pfalz-Zweibrücken), Nohfelden (Veldenz, später Pfalz-Zweibrücken) oder Wasserburgen wie in Kerpen/Illingen (Saarwerden) oder Ottweiler (Saarbrücken) verdeutlichen die Machtansprüche. Bischof Dietrich von Wied (r. 1212–1242) ließ um 1215 mit dem *Liber annualium iurium* ein Güterverzeichnis anlegen, in dem u. a. sieben Landesburgen und der Saarzoll bei Merzig aufgeführt werden. Der Aufstieg Triers zur Regionalmacht seit der Zeit des Erzbischofs Heinrich II. von Finstingen (r. 1260–1286) gipfelte in der langen Regierungszeit Balduins von Luxemburg (1285–1354), dessen Erfolg durch zwei Verwandte auf dem Kaiserthron begünstigt wurde, Heinrich VII. (1278/79–1313) und Karl IV. (1316–1378).

Wenn es auch stimmt, dass Balduin seinen Finanzrahmen mit Hilfe jüdischer Bankiers in Köln und Straßburg erheblich erweiterte, so bildeten die Landeseinkünfte doch das Fundament, geschaffen durch die Anlage von Güterverzeichnissen und durch die Zusammenfassung der Landesteile in Ämtern, die von festen Amtssitzen aus verwaltet wurden. Die Amtmänner achteten auf die Eintreibung der Zölle und Abgaben. Sie zwangen Vasallen, die sich mit eigenen Burgen verselbstständigen wollten, zur Anerkennung der Trierer Oberhoheit. Gleichzeitig nutzte Balduin die Not des Adels und expandierte entlang des Bliestals nach Süden: 1326 erwarb er von den Herren von Kirkel das Dorf *Basenvillare* samt Hochgerichtsbarkeit und Zöllen, zwei Jahre später die restlichen Anteile des Dorfes von den Grafen von Saarbrücken. Den Grafen von Homburg kaufte er die Eigengüter unterhalb der Burg – diese war Reichslehen – ab. Mit der Kultivierung der Wendalinuswallfahrt wurde die Volksfrömmigkeit kanalisiert und eine neue Einnahmequelle erschlossen. Der hl. Wendelin wurde als Viehpatron etabliert und seine Stadt zu einem der bedeutendsten Viehmärkte der Region entwickelt.

Aus *Basenvillare* wurde St. Wendel. Das Frankfurter Stadtrecht erwarb der Bischof in dem Sammelprivileg Kaiser Ludwigs des Bayern 1332 außerdem für Saarburg, Merzig und Grimburg. St. Wendel erhielt noch im 14. Jahrhundert eine repräsentative Hallenkirche und zählte mit Nikolaus Cusanus einen der berühmtesten Theologen der Renaissance zu seinen Pastoren. 1460 wurde die Stadt aus dem Bistum Metz gelöst und Trier angegliedert. Sie blieb bis zum Ende des Alten Reiches ein Trierisches Oberamt, dem unter anderem das Hochgericht Theley unterstand.

Der einzige ernst zu nehmende Gegner Balduins war Lothringen. Balduin sah einen Waffengang kommen und versicherte sich des Rückhalts der Dynastien des Westrichs, der Grafen von Homburg, Saarbrücken, Zweibrücken, Saarwerden, Veldenz und Bitsch. Er nutzte die Gunst der Stunde, indem er den jungen Herzog Raoul de Lorraine (1318–1346) vor ein Trierer Lehensgericht lud, wo er im Beisein des Adels 1333 seine Forderungen formulierte. Wenig später empfing der Herzog von Balduin Burg und Stadt Sierck, Laumesfeld, Berus, Dalem, Siersberg, Felsberg, Wallerfangen und einen Teil von Montclair mit Merzig feierlich zu Lehen und anerkannte die Trierer Lehenshoheit. Er verzichtete auf alte Besitzrechte von Perl an der Mosel über die Saar zum Hochwald und bis an die obere Blies. Balduin hatte seine Forderungen durch Recherchen in Archiven und Zeugenaussagen vorbereiten lassen. Durch die Beurkundung erlangten sie 1334 Rechtskraft, und alte Streitigkeiten zwischen Kurtrier, Luxemburg und Lothringen wurden beigelegt. Raouls Tod in der Schlacht von Crécy verhinderte eine spätere Anfechtung. Balduin nutzte die Geldnot des Adels, um die Lehenshoheit an ihren Eigengütern, Burgen, Städten und Dörfern zu erwerben. 1335 kaufte er den Grafen von Zweibrücken für 1500 Pfund Heller Silbermünzen ihr ganzes Land pfandweise ab, um sie wieder damit zu belehnen. Einen Coup landete er am Unterlauf der Blies. Der Bischof von Metz hatte Blieskastel an die Herren von Finstingen verpfändet, die mit den Grafen von Saarbrücken und Zweibrücken in Fehde lagen. Balduin ließ die Grafen im Herbst 1337 Blieskastel erobern und empfing anschließend für die Finanzierung des Kriegszugs Burg und Herrschaft. Auch der Bischof von Metz brauchte Geld: Er fand sich gegen eine Entschädigungszahlung mit dem Verlust von Blieskastel ab.

Trotz des Trierer Machtzuwachses war Graf Simon IV. von Saarbrücken-Commercy (1240–1306) die bestimmende Kraft auf dem Gebiet des späteren Saarlands: Von der Nied zwischen Metz und St. Avold im Westen und Pirmasens im Pfälzerwald im Osten zeichnet sich eine Massierung von Herrschaftsrechten ab, die nach Norden bis zu den Klöstern Fraulautern an der Prims bzw. Neumünster an der Blies und südlich bis über das Kloster Herbitzheim (Dept. Moselle) hinaus reichte. Innerhalb dieser Verdichtungszone finden sich große Teile des späteren Herzogtums Pfalz-Zweibrücken sowie die Grafschaft Saarwerden. Im Zentrum lagen Saarbrücken und St. Arnual.

Voraussetzung der Territorialbildung war die Verschriftlichung der Verwaltung durch ortsfeste Amtleute. Ihre Bezeichnungen waren unterschiedlich und dementsprechend auch die Begriffe für die Verwaltungssitze (Amt, Vogtei, Pflege, Gericht, Kastellanei, Office oder Prevote). In kleineren Territorien standen die Ämter nur der Zentralregierung gegenüber, die aus dem Regenten und seinen Räten bestand. Größere Territorien benötigten zusätzlich eine mittlere Verwaltungsebene. Lothringen richtete im frühen 14. Jahrhundert drei *Baillages* ein: Neben Nancy und Vogesen die *Baillage d'Allemagne*, das deutsche Bellistum mit Hauptort Wallerfangen/Vaudrefange. Rücksicht auf sprachliche Empfindlichkeiten findet sich auch in den anderen Großterritorien: Luxemburg gliederte sich in die *pays romans* und das *quartier allemand*, im Hochstift Metz war einer der beiden *Bellisse* für die *terre d'Allemagne* zuständig. Philipp I. von Nassau-Saarbrücken unterstellte um 1400 seine frankophonen Besitzungen zwischen Mosel und Maas einem *gouverneur en roman pays*.

Mit der Ausbildung der Landeshoheit bemühten sich die Landesherren um eine Separierung des eigenen Landes. So erwirkte Balduin von Trier 1314 das *Privilegium de non evocando*, welches verhinderte, dass Streitfälle vor auswärtige Gerichte gezogen werden konnten. Pfalz-Zweibrücken erwarb dieses Recht

1470, Nassau-Saarbrücken 1514. Ebenso wollte man verhindern, dass Untertanen an ein auswärtiges Gericht appellieren konnten. Bis zu einem Streitwert von 500 Gulden gelang dies Lothringen 1542 und Kurtrier 1562. Absolutes Appellationsverbot – das *Privilegium de non appellando illimitatum* – erwarben Kurtrier 1721 und Pfalz-Zweibrücken 1764, Nassau-Saarbrücken gelang es nicht. Gleichzeitig machten sich die Territorien an die Schaffung eines eigenen Landesrechts. In Lothringen wurden 1519 die *Coutumes générales du Duché de Lorraine en baillages de Nancy, Vosges et Allemagne* aufgezeichnet, 1596 veröffentlicht und 1599 für das deutsche Bellistum ins Deutsche übersetzt. Eine Pfalz-Zweibrücker Gerichtsordnung erschien 1536, eine Kurtrierer 1537. Nassau-Saarbrücken erhielt im 16. Jahrhundert ein Landrecht, das Hochstift Metz 1601, das Herzogtum Luxemburg 1623. In Kleinterritorien (Klosterländereien, Ritterherrschaften) fehlten solche Bemühungen: Hier galt das Reichsrecht uneingeschränkt, im Bereich des Straf- und des Strafprozessrechts seit 1532 die *Constitutio Criminalis Carolina*.

An der Saar dominierten die Fürsten und Grafen (Lothringen, Luxemburg, Saarbrücken, Trier, Zweibrücken), daneben gab es einige Reichsherrschaften (Blieskastel, Dagstuhl, Eberswald (Sötern), Hüttersdorf (Vogt von Hunolstein), Illingen (Kerpen), Münchweiler, Oberkirchen, Püttlingen, Saarwellingen, Schwarzenholz, Mischherrschaften (Vierherrschaft Lebach, Hochgericht Nalbacher Tal, etc.) und Eigentum des Trierer Domkapitels. Dagegen fehlte es an freien Reichsstädten und Reichsklöstern. Das Reichsdorf Michelbach – eine rechtliche Kuriosität – spielte politisch keine Rolle. Wegen der politischen Zersplitterung bürgerte sich für das Gebiet südlich des Hochwalds ein Begriff ein, der bis ins 19. Jahrhundert erhalten blieb: «Westrich». Diese Gebietsbezeichnung steht in einer Reihe mit «Schwaben», «Franken» oder «Elsass», die ebenfalls keine Territorien meinten, sondern ehemaliges Königsland, das politisch zersplitterte. Sebastian Münster (1488–1552) interpretierte das Westerreich in seiner *Cosmographia* (Basel 1550) als Pendant zu Österreich. Gemeint war die Region zwischen Vogesen und Hunsrück im

Westen des Heiligen Römischen Reiches deutscher Nation: «Es haben zu unsern Zeiten viel Herren das Land Westerreich unter ihrem Gewalt/besonders der Herr von Zweibrücken und Graf von Bitsch. Der Herr von Lothringen/die Grafen von Nassau zu Saarbrücken/die Grafen von Leiningen und der Bischof von Trier.» Von den größeren Territorien zählte allein die Grafschaft Saarbrücken vollständig zum Westrich und bildete mithin ihr Herz.

3. Frühe Neuzeit

Die Dynastie Nassau-Saarbrücken

Die in der Frühen Neuzeit regierende Dynastie Nassau-Saarbrücken ging über weibliche Erbfolge zurück auf die älteste Dynastie der Grafen von Saarbrücken. Diese war nur in der männlichen Linie mit Simon III. (1168–1233) ausgestorben. Über die Erbtochter Mathilde (gest. 1274), verehelicht mit Simon von Commercy, gelangte die Grafschaft an den Sohn, dessen Name Simon IV. bereits die Kontinuität signalisiert. Die neue Grafenlinie Saarbrücken-Commercy herrschte etwa hundert Jahre lang, bevor sie mit Johann II. (1310–1381) im Mannesstamm erlosch. Erbtochter Johanna (1330–1390) heiratete den Grafen Johann von Nassau-Weilburg. Ihr Sohn begründete die Grafenlinie Nassau-Saarbrücken, die bis zum Ende des Alten Reiches regierte. Zusammen ergibt dies eine Herrschaftskontinuität über einen Zeitraum von mehr als 700 Jahren.

Der Bestand der Dynastie Nassau-Saarbrücken war durch die Erbvereinigung des Gesamthauses Nassau gesichert. Diese Dynastie hatte sich 1255 in zwei Hauptlinien geteilt: Zur Walramschen Linie, die mit Adolf I. von Nassau (ca. 1255–1298) einen römisch-deutschen König hervorbrachte, zählten Nassau-Idstein, Nassau-Wiesbaden, Nassau-Weilburg, Nassau-Saarbrücken, Nassau-Ottweiler und Nassau-Usingen. Von letzteren stammen die heute noch regierenden Großherzöge von Luxemburg ab. Aus der Ottonischen Linie gingen durch Erbteilungen die Grafen von Nassau-Hadamar, Nassau-Beilstein und Nassau-Dillenburg hervor. Letztere erbten 1544 das Fürstentum Orange und stellten mit Wilhelm I. von Nassau-Oranien den ersten Statthalter der Niederlande und zeitweise den König von England, Schottland, Irland und Wales. Der deutsche Zweig der Nassau-Dillenburg verästelte sich in die Linien Nassau-Siegen, Nassau-Beilstein und Nassau-Diez. Aus dieser Linie stammen die heute noch regierenden Könige der Niederlande.

Der Begründer der Nassau-Saarbrücker Dynastie Graf Philipp I. (1368–1429) brachte durch seine Ehe mit Elisabeth von Lothringen (ca. 1395–1456) die höfische Kultur ins Saarland. Die Gräfin ist durch ihre Übersetzungen aus dem Französischen in die deutsche Literaturgeschichte eingegangen. Sie beendete den Pendelverkehr zwischen Commercy, Saarbrücken und Weilburg und führte die ortsfeste Regierung in Saarbrücken ein. Mit ihrem Hochgrab begründete sie die Tradition der Saarbrücker Fürstengrabmäler mit farbig gefassten Ganzkörperskulpturen nach burgundischem Vorbild. Die Dynastie Nassau-Saarbrücken gab Wadgassen als Familiengrablege zugunsten der Stiftskirche St. Arnual auf, erst nach 180 Jahren wurde diese durch die Saarbrücker Schlosskapelle ersetzt. Graf Johann III. von Nassau-Saarbrücken (1423–1472) stand bis 1442 unter Vormundschaft. Zwei Jahre später verkaufte er mit Zustimmung seiner Mutter die Herrschaft Commercy an Lothringen und orientierte sein eigenes Land nach Deutschland – eine Weichenstellung mit Auswirkungen bis heute.

Johann Ludwig von Nassau-Saarbrücken (1472–1545) wurde drei Monate nach dem Ableben des Vaters geboren. Seine Mutter Elisabeth von Württemberg (1447–1505) führte die Regierung, während der Sohn bis zu seinem 14. Lebensjahr in Weilburg lebte und danach am Hof Renés II. von Lothringen (1451–1508) in Nancy. Als erster Saarbrücker Graf besuchte er eine Universität (Paris) und unternahm nach seinem Regierungsantritt (1495) eine Pilgerfahrt nach Jerusalem. Erfahrung sammelte er als Militär und Diplomat in Diensten Kaiser Maximilians I. (1459–1519). Auf dem Reformreichstag von Worms, auf dem der Ewige Landfriede und die Kreiseinteilung beschlossen wurden, kam Nassau-Saarbrücken mit Pfalz-Zweibrücken zum Oberrheinischen Reichskreis, während Kurtrier dem Kurrheinischen und Luxemburg dem Burgundischen Kreis zugeteilt wurden, einige Reichsherrschaften und Reichsritter, das Domkapitel Trier und das Reichsdorf Michelbach ohne Reichsstandschaft blieben. Nach dem Tod seiner ersten Ehefrau Elisabeth von Pfalz-Zweibrücken (gest. 1500) heiratete der Saarbrücker Graf Katharina von Saarwerden, welche ihm das Erbe dieser Reichsgrafschaft einbrachte. Johann Ludwig, der das Land vor seinem Tod in einer Erbteilung 1544 unter die Söhne Philipp (Saarbrücken), Johann (Homburg, Ottweiler) und Adolf (Saarwerden) aufteilte, blieb der katholischen Kirche bis zum Tod ergeben.

Einführung der Reformation

Das Haus Nassau neigte – in Konkurrenz zu Landgraf Philipp von Hessen – seit 1525 wie die anderen Mitglieder des Wetterauer Grafenvereins der Reformation zu. Während die Grafen von Nassau-Dillenburg später zum Calvinismus übertraten und Nassau-Oranien zur Speerspitze des internationalen Calvinismus avancierte, blieb Nassau-Weilburg lutherisch. Die Herzöge von Pfalz-Zweibrücken wurden – wie die Kurpfälzer Hauptlinie – zunächst lutherisch und später calvinistisch. Dagegen blieb Kurtrier und in Abhängigkeit vom Oberamt St. Wendel die Herrschaft Blieskastel katholisch. Lothringen wurde zum Bollwerk des Katholizismus. Die Herzöge von Guise, eine Lothringer Nebenlinie, gründeten in den Hugenottenkriegen die Katholische Liga. Keinem lothringischen Lehensmann gelang die Einführung der Reformation, die Herren von Hagen zur Motten und Streiff von Lewenstein scheiterten jeweils bei dem Versuch, die kleine Seigneurie Eppelborn zu reformieren. Nassau-Saarbrücken stand im Zeitalter der Reformation lange unentschlossen zwischen den Mächten. Mit der Einführung der Reformation wurde Nassau-Saarbrücken 1574 zum Frontstaat im Zeitalter der Religionskriege.

Für die Lande an der Saar wurde die Reformation mit den Sickingenschen Fehden, dem Reichsritterkrieg und dem Großen Bauernkrieg akut. Franz von Sickingen (1481–1523) hatte 1504 die Herrschaft Landstuhl mit Burg Nanstein geerbt. In Landau ließ er sich von Vertretern der rheinischen, schwäbischen und fränkischen Ritterschaft zum Hauptmann wählen und begann 1522 eine Fehde gegen den Trierer Erzbischof Richard von Greiffenklau von Vollraths (1467–1531). Kriegsziel war es, das Hochstift für seine Familie in ein protestantisches Fürstentum umzuwandeln. Auf dem Weg nach Trier erstürmte der Reichsritter St. Wendel, zerstörte Blieskastel und erstürmte die Grimburg bei Wadern. Am 8. September begann die Belagerung Triers. Der Bruch des 1495 von Kaiser Maximilian I. proklamierten Ewigen Landfriedens rief jedoch eine Fürstenkoalition auf den Plan. Landgraf Philipp von Hessen und der Kurfürst von der Pfalz vertrieben Sickingen und verfolgten ihn im Zuge einer Reichsexekution bis nach Nanstein. Bei der Beschießung seiner Burg im Mai 1523 verlor der Reichsritter das Leben. Der Vorgang symbolisiert den Niedergang des Rittertums und den Aufstieg der Territorialstaaten.

Im Herbst des folgenden Jahres begann der große Bauernkrieg. Westlich des Rheins sammelten sich die Unzufriedenen unter der Führung Erasmus Gerbers. In seinem «Hellen Haufen» waren zeitweise 30 000 Anhänger versammelt, weit mehr, als alle Städte des Westrichs zusammen Einwohner hatten. Anfang 1525 lagerten ca. 4000 «Bauern» in einem Wald bei Saargemünd. Dort erhielten sie Zuzug aus den Grafschaften Saarbrücken und Bitsch sowie dem Herzogtum Pfalz-Zweibrücken. Wenig später verschanzten sie sich in den Mauern des Nassau-Saarbrücker Frauenklosters Herbitzheim. Die Adligen versammelten ihre Truppen bei Vic-sur-Seille, darunter Herzog Anton von Lothringen (1489–1544), Claude von Guise (1496–1550) mit französischen Hilfstruppen, sowie aus dem Westrich die Grafen von Bitsch und von Nassau-Saarbrücken. Nachdem die Bauern die Bischofsresidenz Zabern/Saverne erobert hatten, rückte das Fürstenheer vor die Stadt. Am 17. Mai 1525 legten die Bauern die Waffen nieder und begannen mit dem Abzug, doch aus ungeklärten Umständen begann ein Gemetzel. Schätzungen der Opfer schwanken zwischen 15 000 und 30 000 Menschen. Unruhen im Amt Ottweiler und im Köllertal wurden durch die Besatzung der Burg Montclair unter Graf Johann von Sayn im Keim erstickt.

Vorreiter bei der Reformation im Westrich waren die Herzöge von Pfalz-Zweibrücken: Ludwig II. ließ bereits 1523 den evangelischen Prediger Johann Schwebel (1490–1540) in Zweibrücken auftreten. Herzog Wolfgang von Pfalz-Zweibrücken (1520–1569) konsolidierte die Landeskirche und gab ihr – auf der Basis des Augsburger Religionsfriedens – 1557 eine neue Kirchenordnung. Im selben Jahr führte Graf Adolf von Nassau-Saarbrücken (1526–1559) die Augsburger Konfession in der Grafschaft Saarwerden ein, akzeptierte aber hugenottische Flüchtlinge aus Frankreich, die zeitweise durch den berühmten Reformator Guillaume Farel (1489–1565) betreut wurden. Nach Adolfs Tod fiel das Land an die katholische Saarbrücker Linie zurück, doch diese ließ die Reformation in Saarwerden unangetastet. Inzwischen hatte in Heidelberg Kurfürst Friedrich III. (1515–1576) den reichsrechtlich nicht anerkannten Calvinismus eingeführt. Sein Erbe Johann Casimir (1543–1592) führte 1583 erneut den Calvinismus in der Kurpfalz ein, und 1588 folgte ihm Herzog Johann I. (1550–1604) in Pfalz-Zweibrücken. Bereits 1571 hatte dieser Reformfürst die Leibeigenschaft der Untertanen abgeschafft, mehr als 200 Jahre vor der Französischen Revolution.

Ohne Engagement für die Reformation profitierte Graf Philipp II. von Nassau-Saarbrücken (1509–1554) von den sich auflösenden Strukturen der alten Kirche und brachte zahlreiche Klöster unter seine Herrschaft. Er nutzte die Reformation, um Nassau-Saarbrücken zu einer Form zu erweitern, die dem heutigen Saarland nahe kam. In religiöser Hinsicht blieb er leidenschaftslos. Er sagte Kaiser Karl V. auf dem Augsburger Reichstag per Vertrag (vom 7. Juli 1548) die Einführung des Augsburger Interims zu.

Philipps Bruder und Erbe Johann von Nassau-Ottweiler blieb als Johann IV. von Nassau-Saarbrücken (1511–1574) – wie viele

Militärs dieser Zeit – ebenfalls indifferent. Er hatte am Kaiserhof in Brüssel gelebt, danach in Kriegsdiensten Karls V. und Philipps II. von Spanien gestanden, setzte aber den Missionsversuchen des Straßburger Predigers Johannes Marbach (1521–1581) keinen Widerstand entgegen. Er duldete die Berufung evangelischer Pfarrer nach Saarbrücken und St. Johann, lehnte aber Heiratswünsche von Kanonikern in St. Arnual kategorisch ab. Nachdem Dechant Mathias Zimmer die Reichsunmittelbarkeit beansprucht und vor dem Reichskammergericht geklagt hatte, löste der Graf 1569 das Stift auf und verwandte dessen Einkünfte zugunsten der Lateinschule in Saarbrücken. Da keine legitimen Erben vorhanden waren, setzte er die Linie Nassau-Weilburg als Universalerben ein. Damit wurde der Weg frei für die Reformation.

Die Nassau-Weilburger Erben waren durch ihren Superintendenten Caspar Goltwurm (1524–1559) strikt lutherisch erzogen. Der ältere Albrecht (1537–1593) übernahm 1574 die Regierung im Amt Ottweiler, wo er durch Laurentius Stephani (1535–1616) die Reformation einführen ließ. Graf Philipp III. (1542–1602) führte durch den Superintendenten Gebhard Beilstein (ca. 1533–1613) die Reformation in Nassau-Saarbrücken ein. In ihrem Gefolge finden wir auch in der Reichsherrschaft Illingen des Ritters Hans von Kerpen 1576 den ersten evangelischen Pfarrer. Die Saarbrücker Kirchenordnung von 1574 verbot nicht nur katholische Praktiken wie Wallfahrten, Reliquienkult und Heiligenverehrung, sondern auch «heidnische» Bräuche zu Fastnacht, Walpurgis, Pfingsten und Johannis. Mit der Abschaffung der Heiligenverehrung wurde die Zahl der Feiertage beschränkt. Das Bischofsamt der Grafen mit dem Recht zur Einsetzung der Pfarrer und der Konfiszierung der Kircheneinnahmen führte zu politischer Konsolidierung. Lediglich die Abtei Wadgassen und die Deutschordens-Kommenden in Saarbrücken und Beckingen sowie die Augustinerinnen in Fraulautern konnten unter dem Schutz Lothringens am katholischen Glauben festhalten. Sensibilität bewiesen die Grafen, indem sie den Wiedertäufern eine geordnete Auswanderung gestatteten, die Unterschrift unter die Konkordienformel (1577) vermieden und der Geistlichkeit unnütze religiöse Dispute untersagten. Die Teilnahme an den französischen Religionskriegen wurde strengstens verboten.

Graf Ludwig von Nassau-Saarbrücken (1565–1627), Sohn Albrechts aus der Ehe mit Anna von Nassau-Dillenburg, der Tochter Johanns VI. (1536–1606) und Nichte Wilhelms I. von Nassau-Oranien, dem Anführer des Aufstands der Niederlande gegen die Großmacht Spanien, konnte 1602 die Herrschaft in Saarbrücken und schließlich auch in Idstein und Wiesbaden übernehmen. Saarbrücken stieg jetzt zum Zentrum des Walramschen Gesamtbesitzes und zu größerer politischer Bedeutung auf. Graf Ludwig heiratete nach seiner Bildungsreise über Genf in den protestantischen Süden und in die Hauptstadt Frankreichs Anna Maria von Hessen-Kassel (1567–1626), die Schwester des gelehrten Landgrafen Moritz, der 1605 zum Calvinismus konvertierte. Es ist kein Zufall, dass Graf Ludwig hugenottische Glaubensflüchtlinge aus Frankreich willkommen hieß und ihnen großzügig Land für ihre Dorfgründungen Ludwigsweiler (Ludweiler) und Nassauweiler (Nassweiler) im Warndt schenkte. Nach seinem Tod begründete die Erbteilung von 1629 die Linien Nassau-Saarbrücken, Nassau-Idstein und Nassau-Weilburg, deren Nachkommen sich alle als Grafen von «Nassau-Sarbrück» bezeichneten.

Blütejahre vor dem Dreißigjährigen Krieg

Begünstigt durch Frieden in der Region nahm die Bevölkerungszahl während des «langen 16. Jahrhunderts» kontinuierlich zu. Erstmals seit der Antike machte man sich systematisch an die Ausbeutung der Bodenschätze, der Edelstein-, Steinkohle- und Eisenerzvorkommen. Achat-Schleifmühlen werden auf dem Güdinger Bann, in Brebach und am Scheidter Bach erwähnt. Die Kupfermine von Wallerfangen erlebte einen Aufschwung, eine weitere wird 1454 in Walhausen (Kreis Nohfelden) belegt, Blei und Silber kamen hinzu. 1462 wurden in Sulzbach Steinkohlegruben eröffnet und – nachdem der Ort um 1550 in die alleinige Verfügung von Nassau-Saarbrücken überging – Eisen verarbeitet und aus Solequellen Salz gewonnen. 1593 wurde eine Eisenschmelze in Neunkirchen (Nassau-Ottweiler) eingerichtet. Auch in den Lothringer Teilen des Saarlands wurden Industriewerke gegründet, wie etwa die Differter Glashütte durch Isaac du Houx bei Wadgassen. In den Waldungen produzierten Köhler Holzkohle zur Eisenverhüttung und Pottaschbrenner die zur Glasproduktion nötige Pottasche. Mühlenweiher wurden angelegt, um eine konstante Versorgung der Industriebetriebe mit Wasserkraft zu gewährleisten. Die Salzwerke wurden ebenso mit Wasserkraft betrieben wie die Eisenhämmer, Drahtziehmühlen, Edelsteinschleifmühlen, Gipsstampfmühlen, Harnisch-Schleifmühlen, Lohmühlen, Ölmühlen, Papiermühlen, Sägemühlen, Schlackenmühlen, Schleifmühlen, Schneidmühlen oder Walkmühlen, im 18. Jahrhundert kamen Blechmühlen, Pulvermühlen und Tabaksmühlen hinzu. Der Holzverbrauch der Glasindustrie und der Ziegelbrennereien war enorm. Vom Landesausbau zeugt die Rodung von Wäldern, die Urbarmachung von Sümpfen und das Anlegen von Gärten.

Ein Zeichen der gestiegenen Wirtschaftskraft kann man in der Bautätigkeit und im Schlossbau im Stil der Renaissance erblicken. 1547 bekam Saarbrücken erstmals seit der Antike wieder eine steinerne Saarbrücke, angeblich auf Drängen Kaiser Karls V., der bei einem seiner Besuche durch Hochwasser am Überqueren der Saar gehindert wurde. In der Grafschaft Nassau-Saarbrücken setzte Graf Philipp II. die Wasserburg Bucherbach in Püttlingen instand (1550), unter Johann IV. wurde 1560 die Festung Homburg ausgebaut und ab 1570 ein großes Schloss in Neunkirchen errichtet. Philipp III. fügte um 1576 das vierflügelige Jagdschloss Philippsborn hinzu, Albrecht von Nassau-Ottweiler (1537–1593) ein prächtiges Residenzschloss in Ottweiler samt umfangreichen Baumaßnahmen in der Stadt. Schließlich erfolgte in den Jahren 1602–1617 der Neubau des Saarbrücker Schlosses, für das Graf Philipp acht französische Gobelins aus dem Besitz Wilhelms von Oranien erworben hatte, welche Bilder aus der glorreichen nassauischen Geschichte zeigten. Graf Ludwig ließ den Umbau vollenden und ein «Ballenhaus» errichten, das der Ausübung des «*Jeu de Paume*» diente, einer Vorform des Tennis. Die Baukonjunktur setzte sich in Pfalz-Zweibrücken fort, wo in den letzten Jahrzehnten des 16. Jahrhunderts die alte Burg Kirkel umgebaut und große Schlösser in Birkenfeld, Jägersburg bei Homburg und in Zweibrücken errichtet wurden.

Auch der regionale Adel hatte Anteil am Bauboom der Spätrenaissance. Obwohl seine Besitzungen nicht groß waren, konnte er über eine Karriere in der Kirche seine Spielräume erweitern. Zu Trierer Erzbischöfen und Kurfürsten stiegen auf: Johann IV. Ludwig von Hagen zur Motten (1492–1547), der seine Brüder Heinrich (1480–1549) und Kaspar (1510–1551) zu Amtmännern in Blieskastel und St. Wendel und in diverse Lehen einsetzte, Philipp Christoph von Sötern (1567–1652, Bischof von Worms 1610–1652, von Trier 1624–1652), der den Palas von Burg Dagstuhl in Wadern und das Schloss in Merzig neu errichten ließ, sowie dessen Intimfeind Carl Caspar von der Leyen (1618–1676), welcher die Kurtrierische Grafschaft Blieskastel an seine Familie verkaufte.

Außenpolitisch war die Situation Nassau-Saarbrückens zwischen der calvinistischen Pfalz und den katholischen Staaten Kurtrier und Lothringen prekär. Das übermächtige Lothringen besetzte im Namen der Gegenreformation Saarwerden, verwüstete Wadgassen (1571/72), annektierte St. Avold (1577) und erwarb die Schirmvogtei über Fraulautern (1581). Im Interesse seines Landes legte Graf Ludwig Konflikte und Grenzstreitigkeiten mit den Herzögen von Pfalz-Zweibrücken (Vertrag von Limbach 1603) und Lothringen friedlich bei. Zur Arrondierung des Territoriums verzichtete Nassau-Saarbrücken auf Zehnteinnahmen in Rilchingen und Hanweiler und erhielt dafür die lothringischen Anteile an Fechingen (Vertrag von 1621). Handelspolitisch bedeutsam war das Projekt mit Lothringen und Kurtrier zur Schiffbarmachung der Saar von Herbitzheim (Dept. Moselle) bis Saarbrücken durch Vertiefung der Fahrrinne (Vertrag von 1623). Ökonomische und religionspolitische Bedeutung hatte die Besiedelung des Warndt mit Glaubensflüchtlingen, welche der Glasindustrie zum Aufschwung verhalfen.

Eine Professionalisierung der Verwaltung machte sich mit der Kanzleiordnung von 1576 bemerkbar, welche die Arbeitsabläufe und ihre Protokollierung regelte. Erst jetzt setzte sich die Verschriftlichung der Verwaltung durch. Generell bemerken wir einen Drang zur höheren Bildung, den man als Zeichen für gestiegene Ansprüche und größeren Wohlstand nehmen kann. Neben Räte aus dem regionalen Adel treten promovierte Juristen. Die Grafen ernannten gelehrte Theologen zu Hofpredigern und bestellten mit Dr. Johann Burghard (amt. 1578–1585) und Dr. Mathias von Hirschbach (amt. 1590–1624) promovierte Juristen zu Kanzlern. Pfarrer kamen von den Universitäten in Straßburg, Marburg, Gießen oder Wittenberg. Ärztliche Behandlungen durften nur noch von promovierten Medizinern ausgeführt werden. Auch das Niveau des Adels stieg: Von Philipp Georg von Piesport (1584–1660), Herrn auf Bucherbach, der nach Studium, Europareise und einem Praktikum am Reichskammergericht eine Ratsstelle in Saarbrücken antrat, besitzen wir umfangreiche Korrespondenzen und eine Autobiographie.

Interessant sind nicht zuletzt die Investitionen in die Bildung. Neben den Stifts- und Klosterschulen sind im Westrich seit dem 15. Jahrhundert Stadtschulen nachweisbar (1460 Zweibrücken, 1472 Saarbrücken, 1494 St. Wendel). Höhere Bildungseinrichtungen waren die 1473 in Trier gegründete Universität sowie die 1574 gegründete Jesuitenhochschule im lothringischen Pont-à-Mousson, die zum Beispiel der Trierer Bischof von Sötern besucht hatte. Für protestantische Landeskinder kamen sie so wenig in Frage wie die calvinistische Universität in Heidelberg. Die nächstgelegenen lutherischen Universitäten lagen in Hessen, allerdings fällt auf, dass Graf Ludwig von Nassau-Saarbrücken nicht in Marburg, sondern in Jena studierte. Für die Kleinterritorien im Westrich kamen keine Universitätsgründungen in Frage. Schritte zur Bildungsreform bedeuteten die Gymnasiumsgründungen in Hornbach 1559 und Saarbrücken 1604. Der Unterhalt und Stipendien kamen aus den Einkünften der säkularisierten Klöster und Stifte Hornbach, St. Arnual und Herbitzheim. Die Lehrer des Saarbrücker Ludwigsgymnasiums verfügten über Universitätsabschlüsse; Rektor Dr. Bartholomäus Werner gibt in seinem *Diarium Scholasticum* Aufschluss über die ersten Jahrzehnte dieser höheren Schule.

Die verbesserte Bildung schlug sich auch in der Literatur nieder. Hieronymus Bock (1498–1554) aus Hornbach widmete Philipp II. von Nassau-Saarbrücken die Übersetzung seines Standardwerks über Kräuter. Karl I. von Pfalz-Zweibrücken-Birkenfeld (1560–1600) legte den Grundstock für die *Bibliotheca Bipontina*. Graf Ludwig ließ durch seinen Kanzleiregistrator Johann Andreae (1570–1645) die *Genealogia Saraepontana* anlegen, ein bebildertes Inventar aller Nassauischen Grabdenkmäler. Der Barockdichter Johann Michael Moscherosch (1601–1669) arbeitete 1631–1635 als Amtmann in Saarwellingen, 1636–1645 in Finstingen (Fénétrange). In seinem Schlüsselroman *Gesichte Philanders von Sittewald* lässt er den «alten König Saro» – den Saarfluss – als Kritiker von Modetorheiten auftreten. Warum zur Bildung nach Frankreich gehen? «Ich hab ja in diesen Landen am Rheinstrom und Westrich, an meinem Wasser der Saar alhie der allererste verordnet, wie die faule, wilde Leuthe von ihrem Muthwillen, Grobheit, Frechheit und dem Müssiggang abgehalten, in Zucht, Ehr, Künsten und Tugendt auferzogen werden sollen; dahero man sie nach mir und mir zu Ehren die Sarannen, kurz Schrannen, Schranner genannt; das sind die alte rechte teutsche Namen, damit man die Schul und Studenten geheissen und genennet [...]. Damit ich Dir zulieb auch Lateinisch rede, *Hic Gymnasium! Hic Academia est! [...] Hic Athenae, Hic Roma, [...] Hic Rhodus est, Hic Salta.*» (Ander Theil, Erstes Gesichte: «A la Mode Kehrauß»).

Seit 1576 bieten die Stadtbücher von Saarbrücken und St. Johann Einblicke in die alltäglichen Vorfälle und Verwaltungsvorgänge. Die jährliche Wahl der Gemeindebeamten und -vorsteher verlief konfliktfrei, Fragen der Wirtschaft und der Verwaltung wurden einvernehmlich geordnet oder an bestehende Ordnungen angepasst (Bäckerordnung, Wirtsordnung, Soldaten- und Pförtnerordnung etc.). Als Vorbild der Wollweber-Zunftordnung diente 1601 die Ordnung aus Saarbockenheim. Die jährlichen Rechnungsprüfungen – Baurechnung, Stadtrechnung, Mehlwaagrechnung, Salzrechnung etc. – verliefen reibungslos. Märkte und Fluren, Straßen und Wege, Gebäude und Wehranlagen wurden von Bürgerkommissionen regelmäßig besichtigt, ebenso Feuerstätten und Wasserversorgung, Straßenbeleuchtung und Mistgruben. Die Qualität der Gewerbe sowie Maße und Gewichte wurden im Interesse der Verbraucher überwacht. Wie andernorts führten die Leistungen der Bäcker, Brauer und Gastwirte zu Beanstandungen. Die Gerichte wurden aber selten mit ernsten Fällen bemüht. Das Dudweiler Gericht fragte wegen einer Pfändung im Jahre 1600 in Saarbrücken an, weil seit über 50 Jahren «gerichtlich nichts bei ihnen gehandelt worden». Ein Nachbarschaftskonflikt zwischen dem Uhrmacher Sebastian Reif und dem Goldschmied Mathias Stumpf wurde 1602 beigelegt, indem das Gericht an deren gemeinsame Jugend sowie ihre Lehrzeit in der Reichsstadt Augsburg erinnerte. Die Streithähne mussten sich die Hand geben und um Verzeihung bitten. Eine Strafandrohung von 20 Goldgulden begrub den Streit.

Im Jahr 1601 erwogen die Bürger Saarbrückens eine Erhöhung der Einkaufsgebühr für Neubürger auf 12 Gulden, weil die Zahl der Zuzügler das vertretbare Maß übersteige und alle Stellen besetzt seien. Präzise Zahlen besitzen wir erst für 1628, als in der Doppelstadt gerade einmal 4500 Einwohner lebten, davon in Saarbrücken 2732 (281 Häuser) und in St. Johann 1826 (184 Häuser). Auch wenn so kleine Städte im überregionalen Handel keine große Rolle spielten, handelten die Kaufleute doch immerhin mit mediterranen Seidenstoffen ebenso wie mit «Englischen und Lundischen [= Londoner] guten Tüchern» und waren in die europäische Weltwirtschaft eingebunden. Gesuche der Stadtbürger an den Grafen um die Zuweisung von Land zur wirtschaftlichen Nutzung oder die Gewährung von Steuern oder Monopolen zur Finanzierung gemeindlicher Aufgaben wurden wohlwollend behandelt. 1601 erhielten die Städte Saarbrücken und St. Johann ein Salzhandelsmonopol. 1602 schenkte Graf Ludwig auf Antrag der Saarbrücker Bürger die Bruchwiesen an die Stadt, die eine Trockenlegung und Kultivierung plante. Nach der Räumung des Stadtgrabens von St. Johann kaufte man 1618 «Setzfische» für eine Fischzucht an. Ihre Gemarkung erweiterte die Stadt durch den Kauf eines Hofguts mit dem zugehörigen Wald am Homburg.

Die Jahrzehnte um 1600 waren für die Bevölkerung trotz mancher Verbesserungen eine schwierige Zeit. Auf die Pestilenz im Gefolge der Teuerung nach 1570 reagierte die Obrigkeit zeittypisch. Die Geistlichkeit ordnete Bußgottesdienste an, während die fürstlichen Beamten hygienische Maßnahmen einleiteten: die Ausräucherung der befallenen Häuser, die Isolierung der Erkrankten, ihre Versorgung durch Pfleger sowie eine Intensivierung der Straßenreinigung und die Kontrolle fremder Reisender. Märkte sollten nicht mehr in den Städten, sondern auf der Saarbrücke abgehalten werden. Totengräber wurden zur Bestattung der Seuchenopfer auf Sonderfriedhöfen eingestellt. Selbst die Luft auf Straßen und Plätzen sollte durch Feuer und Rauchwerk gereinigt werden. Im Jahr 1580 reagierte die Regierung auf Missernten und Lebensmittelteuerung mit Ausfuhrverboten. Die protestantischen Grafen und ihre Bürger blieben zurückhaltend, während in Kurtrier und Lothringen Hexenverfolgungen begannen. In Saarbrücken federten soziale Einrichtungen privates Unglück ab. Der Graf reformierte 1600 das zu St. Johann gestiftete Haus-Almosen – eine von Stiftungen getragene Einrichtung – und beschenkte das Hospital zu Saarbrücken mit 50 Gulden jährlichen Einkünften aus den Gefällen des Klosters Rosenthal. Bürgerinnen wie Philippine Nimsgern stifteten in ähnlicher Höhe. Die Sozialstiftungen gerieten erst mit den Katastrophen und Seuchenwellen des Dreißigjährigen Kriegs außer Takt.

Kriegselend und französische Annexionsversuche

Auf die Blütezeit des 16. Jahrhunderts folgte eine endlose Serie von Truppendurchzügen, Kontributionen, Besatzungen, sinnloser Gewalt und systematischer Zerstörung. Mehrmals ähnelten die saarländischen Städte Geisterstädten, die aufgrund von Seuchentod und Flucht fast unbewohnt waren. Wie man einem Bericht des Saarbrücker Rentmeisters Johann Georg Klicker (1600–1651) an den kaiserlichen Kommissar über die Kriegslage im Dreißigjährigen Krieg entnehmen kann, waren Ende 1635 viele Dörfer an der Saar wie ausgestorben. Manche fielen wüst und wurden erst nach zwei bis drei Generationen wieder besiedelt. Seit der ersten Besatzungszeit ab 1644 stand die Grafschaft mehrmals vor der Annexion durch Frankreich, in dessen Armee die Saarbrücker Grafen dienen mussten, um ihre Selbstständigkeit bewahren zu können und zu verhindern, dass der übermächtige Nachbarn auf seinen Kriegszügen das Land als Feindesland behandelte. Von den Kriegshandlungen des Dreißigjährigen Kriegs (1618–1648) führt eine Blutspur über den Devolutionskrieg (1667–1668), den Holländischen Krieg (1672–1679), den Pfälzischen Erbfolgekrieg (1688–1697), den Spanischen Erbfolgekrieg (1701–1714) und den Polnischen Thronfolgekrieg (1733–1738) zu den Revolutionskriegen.

Der Dreißigjährige Krieg kam zunächst nach Pfalz-Zweibrücken. Nach der Absetzung Kurfürst Friedrichs V. von der Pfalz (1596–1632, König von Böhmen 1619–1620) wurden die pfälzischen Territorien 1621 durch spanische Truppen besetzt. Dies stellte eine akute Bedrohung für die protestantischen Kleinfürsten dar, und es ist wohl kein Zufall, dass die Reichsherrschaft Illingen unter Ritter Heinrich Ernst von Kerpen 1626 im Zuge einer Gegenreformation zum Katholizismus zurückkehrte. In Nassau-Saarbrücken wurden ab Mai 1627 kaiserliche Truppen unter Befehl der Grafen Johann Philipp Cratz von Scharfenstein (1590–1635) einquartiert. Die «Cratzischen Völker» zerstörten die Schlösser Philippsborn, Neunkirchen und Bucherbach. Lothringen besetzte 1629 die Grafschaft Saarwerden und führte eine gewaltsame Gegenreformation durch. Dieses Ereignis stand den Protestanten als Schreckbild vor Augen. Kriegsnot, Seuchen und religiöse Bedrängung bildeten den Hintergrund für weitere unerfreuliche Begebenheiten: Im Sommer 1631 kam es in Saarbrücken zu Hexenprozessen, denen die angebliche Giftmischerin Maria und die «welsche Jodoca» zum Opfer fielen. Die Siegesgewissheit der kaiserlichen Partei hatte jedoch keinen Bestand. Nach der Schlacht von Breitenfeld (31. Sept. 1631) vertrieb Schwedenkönig Gustav Adolf II. (1594–1632) die Kaiserlichen aus der Pfalz und legte eine Garnison nach Zweibrücken.

Den Protestanten erschien der Schwede wie ein Erlöser. Nicht zufällig nannte Graf Wilhelm Ludwig von Nassau-Saarbrücken (1590–1640) seinen Erbprinzen nach ihm Gustav Adolf (1632–1677). Er schloss sich wie seine Nassauer Vettern im April 1633 dem Heilbronner Bund an und holte schwedische Garnisonen nach Homburg und Saarbrücken. Das Glück wendete sich jedoch gleich in doppelter Weise. Nach der Niederlage der Schweden in der Schlacht von Nördlingen (6. Sept. 1634) fiel ein Großteil der Einwohner des Westrichs der Pestepidemie von 1634/35 zum Opfer. Der Rentmeister berichtete, dass in Ottweiler nur noch zehn gesunde und sieben kranke Bürger lebten. Die Dörfer seien teils verlassen, die Bewohner gestorben oder geflohen. Da nichts angebaut werde, sei Ernährung nur durch Importe aus den Ämtern Schaumburg (lothringisch) oder St. Wendel (trierisch) möglich. Malstatt und Sulzbach waren abgebrannt, dort lebten noch fünf bzw. zwei Untertanen. In Dudweiler und St. Arnual lebten noch vier, in Quierschied drei, in Fechingen zwei Leute, Bischmisheim war verlassen. Abt Philipp Gretsch von Wadgassen berichtet von Kannibalismus, Graf Johann (1603–1677) von Personen, die vor Hunger und Schmerz verrückt geworden seien.

Mit dem Ende des Heilbronner Bundes standen die Protestanten schutzlos da. Im Sommer 1635 überschritt General Matthias Gallas (1584–1647) den Rhein, trieb mit kroatischen und spanischen Truppen die Protestanten zurück, eroberte Kaiserslautern, verbrannte Kusel und belagerte Zweibrücken. Graf Wilhelm Ludwig von Nassau-Saarbrücken floh samt Familie, Teilen des Hofadels, der leitenden Beamten und einiger bürgerlicher Familien nach Metz. Dasselbe taten Herzog Johann II. von Pfalz-Zweibrücken und dessen Sohn Friedrich, der mit Anna Juliana von Nassau-Saarbrücken (1617–1667) verheiratet wurde. Die Protestanten begaben sich unter den Schutz Frankreichs, das seit 1632 Festungen im Kurtrierischen unterhielt, Lothringen (1632 bis 1661) okkupiert und St. Arnual verwüstet hatte. Wichtige Plätze im Elsass wurden 1633 militärisch besetzt, der erste Schritt zur Annexion. In Kardinal Richelieus (1585–1642) Politik der «Einfallspforten» nach Deutschland spielte das Saarland eine Rolle. Ende Juli 1635 wurde Saarbrücken erstmals französischer Militärstützpunkt, doch schon im September folgte der kaiserliche Gegenschlag. Gallas eroberte Wallerfangen und Herzog Gonzaga von Mantua Saarbrücken. Waren die städtischen Finanzen noch bis 1635 in gutem Zustand, so wurden sie jetzt binnen Kurzem ruiniert.

Aber es kam noch ärger, denn Nassau-Saarbrücken sollte ganz ausgelöscht werden. Das Reichskammergericht ordnete 1637 die Konfiskation aller Nassauischen Lande wegen Rebellion und Majestätsbeleidigung an. Kaiser Ferdinand III. (1608–1657) belehnte seinen Feldherrn Karl IV. von Lothringen mit der Grafschaft Saarbrücken. Die Regierung übernahm Georges Durand als «Oberamtmann der fürstlich lothringischen Grafschaft Saarbrücken». Lothringen verlegte seinen militärischen Schwerpunkt auf die Feste Homburg, Saarbrücken wurde Sitz der Regierung und des lothringischen Obersten Gerichtshofs (*La Cour Souveraine*). Dabei funktionierte die städtische Selbstverwaltung in Saarbrücken und St. Johann einfach weiter. Die Besatzer hatten daran Interesse, denn nur die Städte verfügten über Kredit und konnten die Versorgung der Garnison sichern. Gerichtsprotokolle zeugen davon, dass die Stadtverordneten gelegentliche Konflikte mit der Besatzungsmacht nicht scheuten. Als sich die Niederlage Lothringens 1644 abzeichnete, schafften sie es sogar, in Paris über die Übergabe der Stadt zu verhandeln und Zerstörungen abzuwenden. Mit dem Abzug der Lothringer griff Gräfinwitwe Anna Amalia (1595–1651) nach der Regierungsgewalt. Doch entgegen dem Neutralitätsversprechen legte Frankreich wechselnde Truppenteile in die Doppelstadt, darunter im Oktober Fußvolk und Reiterei unter einem Hauptmann Lafontaine. Anfang November stellte sich ein Capitaine Lavarede als neuer Gouverneur von Saarbrücken vor. Erstmals wurde jetzt das gesamte Eigentum der Bürger geplündert, nachdem Truppen ins Schloss einquartiert wurden, wohin die Bürger ihr mobiles Eigentum in Sicherheit gebracht hatten. Die Gräfin bat in Paris um eine Verbesserung der Bedingungen, doch sah sie sich zu einer Bittstellerin reduziert. Ihr Hofrat Philipp Streuff von Leuenstein schilderte die Verhältnisse in so düsteren Farben, dass die Regierung König Ludwigs XIV. den Militärbefehlshabern in Saarbrücken Mäßigung auferlegte.

Bei den Westfälischen Friedensverhandlungen in Osnabrück drängte die Gräfin auf Rückgabe der konfiszierten Lande. Dies war umso wichtiger, als Kaiser Ferdinand III. bereit war, Teile des Elsass sowie die Bistümer Metz, Toul und Verdun als Kriegsentschädigung an Frankreich abzutreten. Unterstützung erfuhr die Gräfin vom Wetterauer Grafenverein. Die Friedensbestimmungen sicherten den Grafen «alle ihre Graf- und Herrschaften, Gebiete, geistliche und weltliche Lehen und eigenthümliche Güter, benamentlich die Grafschaften Sarbrück und Sarwerth sammt allen Anspruch, Ingleichen die Festung Homburg, mit Schütz und Mobilien so daselbst befindlich» zu. Streitfragen mit Lothringen sollten vor den Reichsgerichten geschlichtet werden. Die säkularisierten Klöster Hornbach, Wörschweiler, Neumünster und Herbitzheim sowie das Stift St. Arnual blieben in Staatsbesitz. Der Friedensvertrag von 1648 schien zunächst sein Papier kaum wert. Zwar waren die Ansprüche Lothringens auf Saarbrücken erledigt, doch zog weder die lothringische Besatzung in Homburg noch die französische in Saarbrücken ab. Vielmehr setzte der Herzog von Lothringen von Homburg aus den Krieg zur Rückgewinnung seines Landes gegen Frankreich fort, was vor allem das Saarland in Mitleidenschaft zog. Kaiser Ferdinand lockte den Unruhestifter schließlich nach Brüssel, ließ ihn gefangen nehmen und bis zum Pyrenäenfrieden nach Toledo bringen.

Das Saarland erholte sich Jahrzehnte nicht von der Kriegskatastrophe. Auch wenn die Räumung Lothringens durch Frankreich 1661 Druck von Nassau-Saarbrücken nahm, boten die Einquartierungen keinen Anreiz zur Wiederbesiedelung. Saarwerden und Herbitzheim blieben von Lothringen besetzt. Und schon nahte neues Unheil: 1662 erhielt Graf Gustav Adolf von Nassau-Saarbrücken eine Vorladung vor den königlichen Gerichtshof in Metz, um unter Androhung der Konfiskation den König von Frankreich als Oberherrn der Grafschaften Saarbrücken und Saarwerden anzuerkennen. Auch wenn Frankreich zunächst nichts zur Vollstreckung tat, schwebte die Enteignungsdrohung wie ein Fallbeil über dem Grafen. Er und andere Betroffene wandten sich deswegen an den Reichstag in Regensburg. Aber weder in dieser Frage noch bezüglich der Rückgabe von Homburg und Saarwerden konnte Nassau-Saarbrücken etwas erreichen.

Im Jahr 1670 wurde das bizarre Zwischenspiel eines Herzogtums Saarland beendet, das 1665 für Charles Henri de Lorraine-Vaudémont (1642–1723) geschaffen worden war. Dieser illegitime Sohn Herzog Karls IV. von Lothringen sollte Reichsterritorien am Oberlauf der Saar zu seiner Versorgung erhalten, mit der Nassau-Saarbrückenschen Grafschaft Saarwerden als Herzstück. Der «Herzog» konnte sich seines Herzogtums aber nicht lange erfreuen, denn 1670 erfolgte die zweite Besetzung Lothringens durch Frankreich, die bis 1697 andauern sollte. Er wurde 1707 mit Commercy an der Maas abgefunden. Der Angriff Frankreichs auf die Niederlande mündete in einen Krieg gegen eine internationale Defensivallianz. Das Westrich, die Pfalz und Kurtrier wurden durch französische Truppenbewegungen und Kontributionen belastet. Im Dezember 1673 nahm Turenne in Saarbrücken Winterquartier. Als Graf Gustav Adolf die Zusammenarbeit verweigerte, wurde er verhaftet und nach Nancy verschleppt. Nach seiner Freilassung trat er in die Reichsarmee Kaiser Leopolds ein. Nassau-Saarbrücken blieb französisch besetzt.

Doch allmählich griff die Gegenwehr. Der kaiserliche Oberkommandierende, Herzog Karl V. von Lothringen (1643–1690), eroberte im April 1677 das französisch besetzte Dillingen und rückte gegen Saarbrücken vor. Stadtkommandant du Roy ließ zur Abschreckung der Kaiserlichen die Stadt anzünden. Am 18./28. Mai begann von St. Johann aus die Beschießung des Schlosses, bis die französische Garnison aufgab. Die Rückeroberung Lothringens scheiterte jedoch, und am 7. September zog sich die kaiserliche Armee über Saarbrücken und Landau nach Straßburg zurück. Bei einem Gefecht im Elsass fand Graf Gustav Adolf von Nassau-Saarbrücken den Tod. Der minderjährige Nachfolger Ludwig Crato von Nassau-Saarbrücken (1663–1713) wurde durch seine Mutter Eleonora Clara von

Nassau-Saarbrücken (1632–1709) vertreten. Im Frieden von Nimwegen (5. Februar 1679) kehrte man zu den Bestimmungen des Westfälischen Friedens zurück. Der Herzog protestierte allerdings gegen die Amputation. Lothringen und Frankreich hielten deswegen das ganze Land weiterhin besetzt. Auch in Saarbrücken blieb die französische Garnison bestehen.

Frankreich hatte ohnehin nicht vor, sich an den Friedensvertrag zu halten. Zur Eroberung des linksrheinischen Deutschlands wollte man die Rechte der lothringischen Bistümer verwenden. Damit hatte es folgende Bewandtnis: Im Jahr 1552 hatte Kurfürst Moritz von Sachsen – ohne jede Befugnis – für einen Beistandspakt mit König Heinrich II. gegen Kaiser Karl V. im Vertrag von Chambord die Reichsstädte Metz, Toul und Verdun verkauft, die frankophon waren, aber zum Heiligen Römischen Reich Deutscher Nation gehörten. Neben den Reichsstädten besetzte Frankreich auch gleich die Bischofsstühle in Metz, Toul und Verdun und betrachtete fortan ihre Rechte als Rechte der französischen Krone. Dieser Standpunkt wurde 1679 mit der Gründung der Reunionskammer von Metz umgesetzt. Auch wenn viele der mittelalterlichen Belehnungen durch die Rechtsentwicklung und Verkäufe überholt waren, bedrohte Frankreich die Grafschaften Pfalz-Veldenz, Pfalz-Zweibrücken, Zweibrücken-Bitsch, Saarwerden, Nassau-Ottweiler, Nassau-Saarbrücken und Blieskastel mit Konfiskation. Die Inhaber beugten sich der Gewalt. Am 28. August 1680 huldigten die Grafen von der Leyen, am 9. Januar 1681 empfingen Eleonora Clara von Nassau-Saarbrücken und Saarwerden sowie Friedrich Ludwig von Nassau-Ottweiler ihre eigenen Länder vom Bischof von Metz George d'Aubusson de la Feuillade (1609–1697) zu Lehen. Die lothringischen Ämter Oberhomburg/St. Avold, Siersburg, Wallerfangen, Berus, Merzig-Saargau, Saargemünd, Schaumburg und Forbach wurden Frankreich direkt angegliedert, das kurtrierische Amt St. Wendel ohne jede Rechtsgrundlage französischer Oberhoheit unterstellt.

Militärisch abgesichert wurden die Annexionen durch den Bau einer Festung auf den Saarwiesen des zu Lothringen gehörenden Dorfes Lisdorf bzw. des Klosters Fraulautern. Das Gelände wurde 1679 ausgesucht und durch den Festungsarchitekten Sébastien Le Prestre de Vauban (1633–1707) für gut befunden. Im April 1680 begannen die Bauarbeiten nach geometrischen Grundrissen, im Juli 1683 überzeugte sich König Ludwig XIV. persönlich vom Stand der Arbeiten an der gewaltigen Anlage der nach ihm benannten Festung Saarlouis. Anders als bei gewachsenen Städten bilden nicht Kirche und Marktplatz ihr Zentrum, sondern ein Exerzierplatz mit der Militärkommandantur. Da eine Stadt aber nicht nur aus Soldaten bestehen kann, zwang man die Einwohner von Wallerfangen zur Umsiedlung. Ihre ganze Stadt – der Hauptort der lothringischen *Baillage d'Allemagne* – wurde bis auf das Augustinerkloster abgerissen und ausgelöscht. Erst später siedelten sich um das Kloster herum neue Bewohner an. Der Intendant der von Frankreich annektierten Gebiete, Antoine Bergeron, Sieur de la Goupilliere, hatte seinen Sitz 1680 zunächst im ehemals lothringischen Pfalzburg und 1681 im Nassau-Saarbrücker Homburg, bevor er 1685 die Festungsstadt Saarlouis beziehen konnte.

Das Annexionsgebiet wurde *Province de la Sarre* genannt. Diese französische Saarprovinz reichte von der Festung Pfalzburg im Süden bis zur ebenfalls neu errichteten französischen Festung *Mont Royal* bei Traben-Trarbach an der Mosel, umfasste das gesamte Gebiet des heutigen Saarlands und reichte bis an den Rhein. Es umspannte außer Deutschlothringen große Teile der Pfalz sowie die Grafschaften Sponheim, Leiningen und Falkenstein am Donnersberg. Das absolutistische Königreich beseitigte die Leibeigenschaft und die Zollgrenzen, ließ neue Märkte zu und baute einen eigenen Verwaltungsapparat auf, an dessen Spitze der Intendant in Saarlouis stand. Edikte beseitigten die wirtschaftliche Grundlage der deutschen Landesherren zugunsten der direkten und indirekten Besteuerung durch den französischen König. In dieser Reform lag Modernisierungspotenzial, sie war jedoch auch mit gravierenden Nachteilen für die Bevölkerung verbunden: Kaiserliches Recht wurde durch französisches ersetzt, das den deutschen Juristen unbekannt war. Das Gerichtspersonal kam aus Frankreich und führte seine Verhandlungen auf Französisch. Der Instanzenzug der Justiz führte nicht mehr zum Reichskammergericht, sondern zum *Parlement* in Metz, Mittelinstanz wurde der *Siège présidial* in Saarlouis. In Saarbrücken wurde eine *Baillage* (Oberamt) eingerichtet, der ein *Prévôt* vorstand. An die Stelle der Bürgermeisterwahl trat seit 1692 die Erblichkeit der *Mairie*. Münze, Maße und Gewichte wurden auf französische Normen umgestellt. Das Straßennetz wurde unter militärischen Gesichtspunkten ausgebaut, etwa durch Anlage einer direkten Chaussee zwischen den Festungen Saarlouis und Homburg.

Nach den systematischen militärischen Verwüstungen von 1677/78 warb ein Erlass vom 17. Oktober 1680 in französischer und deutscher Sprache für die Wiederbesiedelung Lothringens, Luxemburgs und des Westrichs. Einwanderungswillige erhielten eine mehrjährige Befreiung von Steuern und Abgaben sowie unbebautes Land. Der Bevölkerungsmangel war so groß, dass bei der Werbung keine Rücksicht auf Sprache oder Konfession genommen wurde. Die Aussicht auf Existenzgründung lockte Einwanderer aus der Schweiz und aus Oberdeutschland, aus dem Inneren Frankreichs und anderen frankophonen Gebieten an.

Für die Protestanten der Saarprovinz war es ein Schlag, dass 1685 mit dem Edikt von Fontainebleau die relative Toleranz, welche mit dem Edikt von Nantes in Frankreich gewährt worden war, aufgehoben wurde. Zwar behielten die Lutheraner wie im Elsass die Freiheit der Glaubensübung, doch bevorzugten die französischen Beamten katholische Einwanderer. In Pfalz-Zweibrücken und Nassau-Saarbrücken wurden zwangsweise Kirchen für den katholischen Gottesdienst geöffnet. Katholische Feiertage und Frömmigkeitsformen wie die Heiligenverehrung, Prozessionen oder Wallfahrten wurden wieder eingeführt. Obwohl der Regensburger Stillstand die Konfessionsverhältnisse garantierte, wurde den Reformierten – den Calvinisten in Pfalz-Zweibrücken, Nassau-Saarbrücken und Saarwerden – die Ausübung ihres Glaubens verboten. Ihre Kirchen wurden zerstört und die Geistlichen ausgewiesen. Aber selbst in traditionell katholischen Gebieten kam es zu Konflikten, wenn deutsche Pfarrer durch Franzosen ersetzt wurden. Der Besitz des Deutschritterordens in Saarbrücken, Beckingen und Saarburg/Lothringen wurde an den Orden *Nôtre Dame du Mont Carmel et de St. Lazaire de Jérusalem* übergeben, Missionsorden in Homburg (Franziskaner) und Wallerfangen (Kapuziner) angesiedelt. Konvertiten zum Katholizismus wurde vier Jahre Steuerfreiheit zugesichert, die Konversion zum evangelischen Glauben streng verboten. Irritationen verursachte auch die Einführung des Gregorianischen Kalenders.

Die *Province de la Sarre* sollte Bestandteil der französischen Monarchie werden, wie die innenpolitischen Maßnahmen und der französische Festungsgürtel von der Mosel bis an den Oberrhein verdeutlichen. Die Saarprovinz und die Annexion Lothringens waren aber nur Etappen auf dem Weg zur angestrebten Rheingrenze. Mit der Annexion des Elsass war dies am Oberrhein erreicht, das größte Hindernis war die Pfalz. Mit dem Einmarsch in die Kurpfalz, auf welche Ludwig XIV. nach dem Tod des Kurfürsten Karl Ludwig (1617–1680) bzw. Karl II. (1651–1685) Erbansprüche erhob, begann 1688 der Pfälzische Erbfolgekrieg. Kriegsminister François-Michel Le Tellier, Marquis de Louvois (1641–1691), plante die systematische Verwüstung der Pfalz und des Westrichs. Die Städte Ottweiler, Merzig, St. Wendel, Kaiserslautern etc. wurden geplündert und abgebrannt, die Zweibrücker Bibliothek nach Nancy verschleppt, das Schloss gesprengt. Selbst alte Ritterburgen ohne militärischen Wert wurden in die Luft gesprengt. Die Erinnerung an die eigene Kultur sollte ausgelöscht und wie im Falle von Saarlouis durch französische Einrichtungen ersetzt werden. Nach dem Ende des Kriegs waren weite Landstriche zwischen Saarbrücken und Mannheim fast menschenleer. Anders als im Dreißigjährigen Krieg beruhte das Leiden der Menschen diesmal auf kühler Planung.

Eine zeitgenössische Publikation, die *Ausführliche Beschreibung deß Saar-Stroms* (Frankfurt/Main 1690), entpuppt sich als bittere Abrechnung mit den Machenschaften der «Französischen Mordbrenner». Mit einer dauerhaften Eingliederung des Gebiets in das französische Königreich rechnete allerdings nicht einmal der anonyme Autor. Und tatsächlich wurden in Artikel IV des Friedens von Rijswijk 1697 die Beschlüsse der

Reunionskammern für nichtig erklärt. Nassau-Saarbrücken, Pfalz-Zweibrücken, Blieskastel u. a. mussten an das Heilige Römische Reich Deutscher Nation und an ihre Eigentümer zurückgegeben werden, ebenso die Festungsstädte Bitsch, Homburg, Luxemburg und Mont Royal an der Mosel. Das Herzogtum Lothringen wurde im Gebietsumfang von 1670 wiederhergestellt. Trotz aller Bemühungen der Geschädigten konnte Frankreich aber den Besitz der Reichsstadt Straßburg, der drei lothringischen Bistümer und auch der Festungsstädte Pfalzburg, Saarlouis und Longwy behaupten. Obwohl Saarlouis sein ganzes Umland verlor, beließ der französische König den *siège présidial* mit dem gesamten Beamtenapparat dort. Dies sollte der Brückenkopf für den nächsten Eroberungsversuch sein.

Graf Ludwig Crato von Nassau-Saarbrücken (1663–1713) konnte 1697 endlich seine Regierung antreten, doch musste er im Spanischen Erbfolgekrieg nur fünf Jahre später in französische Militärdienste treten. Er war nach dem Studium in Tübingen nach Paris geschickt worden, wo er keine gute Figur machte, vielleicht weil er im Gegensatz zu den anderen Saarbrücker Herrschern aus seiner Kaisertreue kein Hehl machte. Nach den Worten der Liselotte von der Pfalz, Herzogin von Orleans, war er «ein Tölpel in Folio, wie ein Bär». Als sein Bruder Karl Ludwig (1665–1723) die Nachfolge antrat, wurde die Grafschaft von Frankreich besetzt. Erst nach dem Frieden von Utrecht (11. April 1713) konnte er die Regierung übernehmen. Gemäß dem Frieden von Rastatt und Baden (7. März 1714) erhielt Nassau-Saarbrücken auch Homburg zurück. Weil er ohne Erben starb, fiel das Territorium an seinen Schwiegervater Friedrich Ludwig von Nassau-Ottweiler (1651–1728).

Für den Erben Wilhelm Heinrich von Nassau-Usingen (1718–1768) übernahm die Mutter Charlotte Amalie von Nassau-Dillenburg (1680–1738) die Regentschaft, die sie allerdings aus der Ferne ausübte. Die Nassau-Usinger verwalteten ihre Länder an der Saar nach strikt kameralistischen Grundsätzen. Sie zogen wie bei einem Besatzungsregime die Steuerschraube an und gründeten Industriebetriebe wie z. B. die Eisenschmelze, welcher der Ort Fischbach seine Existenz verdankt, sowie eine Steinkohlengrube im benachbarten Quierschied. Danach zog der Polnische Thronfolgekrieg die Gegend in Mitleidenschaft. Die Wahl Kurfürst Augusts III. von Sachsen (1696–1763) zum König von Polen machte den Schwiegervater Ludwigs XV. von Frankreich zu einem König ohne Land. Wieder wurde das Saarland zum französischen Aufmarschgebiet. Im Wiener Präliminarfrieden erhielt Stanislaw Leszczynski (1677–1766) Lothringen, das nach seinem Ableben an Frankreich fallen sollte. Anstelle Lothringens wurde nun Frankreich direkter Nachbar an der Saar. Herzog Franz III. Stephan von Lothringen (1708–1765), der spätere Kaiser Franz I., erhielt als Ersatz das Großherzogtum Toskana.

Spätbarocke Blütezeit und Aufgeklärter Absolutismus

Der Wiederaufbau nach den großen Kriegen des 17. Jahrhunderts war zaghaft, doch gab es interessante Sonderentwicklungen für alle Verbündeten Frankreichs. Der Trierer Kurfürst Philipp Christoph von Sötern konnte bereits 1649 in Merzig ein neues Schlösschen als Verwaltungsmittelpunkt seines Familienbesitzes bauen (heute Rathaus). Die Verwandten seines Nachfolgers ließen in den 1660er Jahren in Blieskastel einen Schlossbau errichten. Die Herzöge von Pfalz-Zweibrücken begannen als Könige von Schweden (seit 1654) 1697 unter Statthalter Gabriel Oxenstierna mit dem Wiederaufbau Zweibrückens. Der vertriebene Polenkönig Stanislaw Leszczynski ließ im Asyl bei Zweibrücken ab 1715 das Lustschloss Tschifflik durch Jonas Erikson Sundahl (1678–1762) erbauen. Die Freiherren von Hagen zur Motten, die mit dem kaiserlichen Reichshofrat Johann Wilhelm Ludwig von Hagen (1673–1750) und Reichshofratspräsident Johann Hugo II. von Hagen (1707–1791) zu höchsten Reichsämtern aufstiegen, leisteten sich 1709 einen Neubau ihres Stammsitzes bei Lebach. Jean Henri Forget de Barst de Bouillon baute 1715 ein Schloss in Kerprich-Hemmersdorf, Gustav Samuel von Pfalz-Zweibrücken ließ bei Jägersburg (Kreis Homburg) 1721 die Gustavsburg und für seine Geliebte Louise Hoffmann aus Saarbrücken Schloss Louisenthal bauen.

Erst nach dem Ende des Österreichischen Erbfolgekriegs – also hundert Jahre nach dem Ende des Dreißigjährigen Kriegs – begann eine neue Blütezeit. In Pfalz-Zweibrücken umfasst sie die Regierungszeiten Herzog Christians IV. (1722–1775), Sohn der Karoline von Nassau-Saarbrücken (1704–1774), und seines Nachfolgers Karl III. (1746–1795). Im Nachbarland begann sie mit der Regierung Wilhelm Heinrichs (1718–1768) aus der Linie Nassau-Usingen, der als erster Saarbrücker Herrscher den Fürstentitel trug. Seine Grafschaft hatte aufgrund der dauernden Belästigungen durch französische Besatzungen trotz Einwanderung kaum halb so viele Einwohner wie vor dem Dreißigjährigen Krieg. Saarbrücken zählte 126 Häuser mit 180 Haushaltungen, St. Johann 142 Häuser mit 195 Haushaltungen. Die insgesamt weniger als 2000 Einwohner waren überwiegend lutherisch, 14 Haushalte waren katholisch und zehn calvinistisch. 46 Haushaltungen waren wohlhabend, 190 galten als arm. Die Doppelstadt war in schlechtem Zustand, der Stadtbann war verwildert und die Wege beinahe unbefahrbar. Innerhalb der nächsten fünfzig Jahre sollte sich dies aber grundlegend ändern. Wie schon im Hochmittelalter und im «langen 16. Jahrhundert» wurde sichtbar, welches Potenzial in der Region steckte.

Fürst Wilhelm Heinrich erwies sich als Friedensfürst mit hohen gestalterischen Ambitionen. Von seiner Mutter calvinistisch erzogen, hatte er in Genf studiert und in Frankreich den Geist der Aufklärung kennen gelernt. Wie Ludwig Crato und der Zweibrücker Herzog setzte er äußerlich auf strikte Loyalität zu Frankreich, um – anders als Lothringen – die politische Selbstständigkeit seines Territoriums zu bewahren. Nach einer Zeit am Hof Ludwigs XV. stand Wilhelm Heinrich einige Jahre mit einem eigenen Regiment (Royal-Allemand) in französischen Kriegsdiensten. Mit seiner Frau Sophie Erdmuthe von Erbach (1725–1795), die in Korrespondenz mit dem Pariser Enzyklopädisten Denis Diderot trat, hielt er 1742 in Saarbrücken Einzug. Seine Verständigungspolitik mit den Nachbarn mündete in erhebliche Grenzveränderungen: Von Pfalz-Zweibrücken tauschte er 1755 die Dörfer Bliesransbach und die fehlenden Teile von

Bexbach gegen Stadt und Festung Homburg. Der Dauerstreit mit der Abtei Wadgassen wurde erledigt, indem 1766 die Rechte an Frankreich abgetreten und dafür Püttlingen und einige andere Orte eingetauscht wurden. Mit französischen Subsidien wurden Adelsfamilien ausgekauft, die im Inneren des Fürstentums Rechte an Dörfern wie Fechingen oder Sulzbach hielten. Die erfolgreichste Flurbereinigung gelang allerdings Pfalz-Zweibrücken, das mit dem Gewinn von Homburg (1755) und dem Tausch des Oberamtes Schaumburg von Frankreich (1787) sein Territorium arrondieren und die Anteile am Saarland erheblich erweitern konnte.

Eines der ersten Dekrete Fürst Wilhelm Heinrichs richtete sich gegen das unregelmäßige Bauen und bestimmte, dass für jeden Neubau zuerst ein Plan eingereicht werden musste. Jeder Bauherr sollte auf zehn Jahre eine «vollständige Befreiung von allen herrschaftlichen und bürgerlichen Real- und Personal-Lasten» erhalten. Zur geometrischen Vermessung der Grafschaft wurde jener Friedrich Joachim Stengel (1694–1787) eingestellt, der in den nächsten Jahren zum Generalbaudirektor des Landes aufsteigen und zusammen mit seinen Söhnen das Erscheinungsbild der Städte des Landes prägen sollte. Nach Vollendung des Neubaus der Saarbrücker Residenz (1748) folgte die Anlage großzügiger Schlossgärten und Parkanlagen in Saarbrücken, Ottweiler, Jägersberg in Neunkirchen und am Halberg bei Saarbrücken. 1745 begann mit der Wilhelmstraße die Stadterweiterung Saarbrückens, wenig später der Neubau des Rathauses am Schlossplatz. 1761 wurden die Stadttore abgerissen, die Anlage des «Ludwigsplatzes» und die Stadterweiterung von St. Johann begonnen. Als Höhepunkt im Schaffen Stengels wird der Bau der Ludwigskirche angesehen. Als Goethe 1770 Saarbrücken besuchte, war er überrascht: «Diese kleine Residenz war ein lichter Punkt in einem so felsig waldigen Lande. Die Stadt, klein und hüglig, aber durch den letzten Fürsten wohl ausgeziert, macht sogleich einen angenehmen Eindruck, weil die Häuser alle grauweiß gestrichen sind und die verschiedene Höhe derselben einen mannigfaltigen Anblick gewährt» (Dichtung und Wahrheit, Zweiter Teil, 10. Buch).

Grundlage der regen Bautätigkeit war der wirtschaftliche Aufschwung des Landes. Die Fürsten der Aufklärungszeit beförderten in Kenntnis physiokratischer Ideen die Landwirtschaft durch Maßnahmen wie Moorkultivierung, Aufteilung und Rodung von fürstlichem Waldland, Zuteilung von Bauland, Privatisierung von Gemeindeländereien und der Einrichtung von Mustergütern, den «Schweizereien», die tatsächlich oft von eingewanderten Schweizern oder Tirolern betrieben wurden. Durch Verordnungen zu regelmäßigem Obstbau, Stallwirtschaft, Klee-Anbau, Fruchtwechsel und Wiesendüngung sollte die Agrartechnik verbessert werden. Hervorzuheben ist die frühe Einführung des Kartoffelanbaus, der sich nicht zuletzt wegen seiner Steuerfreiheit bei den Bauern großer Beliebtheit erfreute. Die Einführung des Kartoffelzehnten in der Herrschaft Blieskastel 1727 zeigt die Etablierung des Anbaus und seine Eingliederung in das feudale Abgabensystem an. Der Kartoffelanbau verbreitete sich so rasch, dass die «*Grumbere*» (Grundbirnen) das Brot als Hauptnahrungsmittel verdrängten. In Pfalz-Zweibrücken begann Christian IV. in Hornbach, Kirkel und Nohfelden mit der Pferde- und Rinderzucht. Die Anlage von Katastern nach österreichischem Vorbild sollte in Nassau-Saarbrücken seit den 1760er Jahren durch verbesserte Eigentumsgarantie die Investitionsfreude anregen und für größere Gerechtigkeit bei der Besteuerung sorgen.

Eine Besonderheit war die Montanindustrie, durch welche der spätere Weimarer Bergbauminister Goethe animiert wurde: «Hier wurde ich nun eigentlich in das Interesse der Berggegenden eingeweiht, und die Lust zu ökonomischen und technischen Betrachtungen, welche mich einen großen Teil meines Lebens beschäftigt haben, zuerst erregt. Wir hörten von den reichen Dudweiler Steinkohlengruben, von Eisen- und Alaunwerken, ja sogar von einem brennenden Berge, und rüsteten uns, diese Wunder in der Nähe zu beschauen». Der Besuch des Naturwunders Brennender Berg war der Anlass für seine Anreise. Gerade zu dieser Zeit nahm der Abbau der Steinkohle seinen Aufschwung, der die Industrialisierung auf eine neue Grundlage stellen sollte. Neben ihrer traditionellen Verwendung für den

Hausbrand wurde an ihrer Tauglichkeit für die Glasherstellung und Eisenverhüttung gearbeitet. Hofkammerrat Christian Friedrich Habel (1747–1814) schreibt in seinen *Beiträgen zur Naturgeschichte und Oeconomie der Nassauischen Länder* (Dessau 1784), der Fürst habe allein 20 000 Gulden in Experimente zur Stahlschmelze mit Steinkohle in der Eisenschmelze von Fischbach gesteckt. Seit 1761 wurden in Sulzbach Versuche mit der Herstellung von Koks angestellt. Goethe berichtet von der «zusammenhängenden Ofenreihe, wo Steinkohlen abgeschwefelt und zum Gebrauch bei Eisenwerken tauglich gemacht werden sollten», und hebt die Pionierrolle des Sulzbacher Chemikers und Erfinders «Stauf» (eigentlich hieß er Staud) hervor.

Neue Kohlegruben wurden erschlossen und Abbautechniken erprobt, zuerst in der Grube Wellesweiler (Neunkirchen), wo in den 1760er Jahren über hundert Meter tiefe Stollen in die Flöze getrieben wurden. Diese Grube wurde zum Vorbild aller anderen Kohlegruben an der Saar. Außer in der Eisenverhüttung wurde die Steinkohle zur Glasherstellung benutzt, etwa in Quierschied ab 1779, außerdem wurde sie zu Ruß, Teer und Öl weiterverarbeitet. 1748 hatte in Neunkirchen eine Eisenschmelze («Schmelz») mit Hochofen und mehreren Eisenhämmern bestanden. Goethe schreibt, dort «spielten uns nun die funkenwerfenden Essen ihr lustiges Feuerwerk entgegen. Wir betraten bei tiefer Nacht die im Talgrunde liegenden Schmelzhütten und vergnügten uns an dem seltsamen Halbdunkel dieser Bretterhöhlen, die nur durch des glühenden Ofens geringe Öffnung kümmerlich erleuchtet werden. Das Geräusch des Wassers und der von ihm getriebenen Blasbälge, das fürchterliche Sausen und Pfeifen des Windstroms, der, in das geschmolzene Erz wütend, die Ohren betäubt und die Sinne verwirrt, trieb uns endlich hinweg ...». Jahr für Jahr wurden zwischen Saarbrücken und Neunkirchen neue Kohlegruben, Eisenschmelzen, Stahlhämmer und Industriebetriebe eingerichtet, die das spätere Industrierevier an der Saar bereits vorausahnen lassen.

Grundlage der Frühindustrialisierung war zunächst – wie in England – die reichlich vorhandene Wasserkraft, dazu das Holz aus den umliegenden Wäldern, das in Köhlereien zur Gewinnung von Holzkohle genutzt wurde. Ortsnamen wie Eisen, Kohlhof, Schmelz, Rußhütte und Flurnamen wie Pottaschwald künden von dieser Gründerzeit. Pottasche und Sand waren Ausgangsstoffe der Glasherstellung, die in den Köhlereien hergestellte Holzkohle diente vor der Verkokung der Steinkohle zur Befeuerung der Hochöfen. Der aus Fichtenholz gewonnene Ruß war Rohstoff für Farben, Lacke und Wichse. Auch «vornehme» Industrien wurden etabliert wie die Porzellanfabrik in Ottweiler. Die Steinkohlengruben und Industriebetriebe wurden nach ihrer Verstaatlichung teils in staatlicher Regie betrieben, teils an Unternehmer verpachtet.

Im Staatshaushalt schlugen Gewinne und Pachtsummen von Industriebetrieben und Kohlegruben in den 1760er Jahren mit immerhin 17% aller Einnahmen (insgesamt ca. 275 000 fl. im Jahr 1766) zu Buche. Hinzu rechnen muss man jedoch noch den Großteil der Einnahmen aus den Staatsforsten (18,5%), da das Feuer- und Bauholz überwiegend von den Industriebetrieben bezogen wurde. Nähme man auch noch einen Teil der Einnahmen aus Zöllen (4%) und Akzisen (12,6%) für Verkauf und Ausfuhr von Kohle und Eisen hinzu, übersteigt der Anteil der Industrie am Staatshaushalt ein Drittel. Die restlichen beiden Drittel entfielen auf Steuern und Abgaben aus Grund-, Leib- und Gerichtsherrschaft inklusive der Zehnten. Die direkten Steuern wurden allein durch den Schuldendienst aufgefressen. Die Steuerbelastung der Nassau-Saarbrücker Untertanen lag mit 9 fl. pro Jahr und Kopf mehr als doppelt so hoch wie im Kurfürstentum Bayern. Trotzdem gelang dem Saarbrücker Fürsten die Balance von Einnahmen und Ausgaben nicht annähernd.

Was den Staatshaushalt sprengte, waren außerordentliche Ausgaben für Landkäufe, Luxusgegenstände und Schlossbauten. Allein der Saarbrücker Schlossbau kostete ca. 250 000 fl., das war so viel wie eine gesamte Jahreseinnahme um 1750. Noch einmal so viel kosteten die Möblierung und die Anlage des Schlossgartens, die dazu notwendigen Güterkäufe und die Verlegung der Saar. Dazu kamen die anderen Schlösser, die sieben Jahre dauernde Kavalierstour des Erbprinzen Ludwig durch Europa und fünf Regimenter Militär. Alles in allem beliefen sich diese Sonderausgaben auf über zwei Millionen Gulden, aufgenommen bei Bankhäusern in Frankfurt, Amsterdam und Straßburg. Zur Schuldentilgung schlug der Fürst die Steigerung der Produktion von Steinkohle und Holz vor. Dazu wurden Handelshäuser in Saarbrücken gegründet, die in Kontakt mit den Niederlanden traten. Die Belebung des Handels benötigte Straßen und Kommunikationsmittel: Bereits im ersten Regierungsjahr etablierte der Fürst durch Vertrag mit dem Reichsgeneralpostmeister Thurn und Taxis ein Reichspostamt in Saarbrücken, das die Anbindung an das Reich verbesserte, und begann mit der Chaussierung der Hauptstraßen. Die Ufer der Saar wurden befestigt und gelichtet für das Treideln der Schiffe entlang des Leinpfads. In Saarbrücken wurde eine Hafenanlage mit Schiffskran errichtet, nach dem sich die Kaufmannsgilde «Kranengesellschaft» nannte.

Für die Entwicklung zahlte sich aus, dass der Fürst durch die Anlehnung an Frankreich das Land von Requisitionen und Kontributionen frei halten konnte. Er gewährte religiöse Toleranz und förderte den Kirchenbau der calvinistischen und der katholischen Gemeinde. Diese Toleranz beruhte zwar auf dem Gedankengut der Aufklärung, hatte aber ihre Wurzeln in den Kriegen des 17. Jahrhunderts. Denn zur Beschleunigung des Wiederaufbaus zeigten sich alle Territorien des Westrichs offen für Zuwanderer aller Art. Bisher verfolgte Minderheiten wie die Täufer bzw. Mennoniten wurden gezielt auf landwirtschaftlichen Mustergütern vor allem des Bliesgaus angesiedelt und erhielten die Erlaubnis zur öffentlichen Vollziehung ihrer Erwachsenentaufe. Die Regierung von Pfalz-Zweibrücken forderte 1662 ihre Behörden und die Untertanen zum Schutz der Juden auf. Juden konnten in den meisten Territorien des Westrichs Land erwerben, Gemeinden bilden, Synagogen bauen, Rabbiner berufen und Friedhöfe anlegen. In der Reichsherrschaft Saarwellingen stellten sie 1785 ca. 15 % der Bevölkerung, einen ähnlichen Schwerpunkt bildete die Reichsherrschaft Illingen mit ihrem Rabbinat. Größere Gemeinden gab es auch in Blieskastel, Merzig, Neunkirchen, Ottweiler und Sötern. Zur Vermeidung von Streit schrieben einige Regierungen die Verschriftlichung oder notarielle Beglaubigung der Geschäfte zwischen Christen und Juden vor. Seit der Mitte des 18. Jahrhunderts treten jüdische Unternehmer als Pächter von Kohlegruben und Hüttenwerken auf. Die Grundlagen für die rechtliche Emanzipation der Juden wurden im Zeitalter der Aufklärung gelegt.

Der Effekt des langjährigen Friedens und der systematischen Wirtschaftsförderung zeigte sich rasch. Die Bevölkerung verdoppelte sich, auswärtige Handwerker und Handelshäuser aus Straßburg und Holland siedelten sich an. Unter den Saarbrücker Kaufleuten tauchen Namen wie Röchling und Karcher auf, die bis in die Zeit der Hochindustrialisierung eine Rolle spielen sollten. Eine Nassau-Saarbrücker Volkszählung ergab 1779, dass von den 40 000 Einwohnern mehr als 10% in der Doppelstadt Saarbrücken/St. Johann (3000/1500 Einwohner) lebten. Ein erster Drucker gab seit 1761 eine Saarbrücker Zeitung heraus, in Zweibrücken erschienen die *Gazette de Deux-Ponts*, lateinische Klassikereditionen und eine Ausgabe Montesquieus. Pfalz-Zweibrücken richtete 1747 eine Glashütte in Rohrbach ein und unterhielt Erzgruben und Eisenhütten im Hochwald. Carl Caspar von der Leyen (1687–1733) hatte nach der Monopolisierung der Kohleförderung in St. Ingbert – damals wurde in fünfzehn Gruben gefördert – 1732 eine Eisenhütte und ein Alaunwerk errichtet. Auch im französischen Teil des Saarlands blühte die Eisen- und Glasindustrie. Nicolas Villeroy (1759–1843) gründete 1791 seine Produktion von Steingut in Wallerfangen. Im Kurtrierischen (Eisenschmelze Mariahütte) und selbst in kleinen Reichsherrschaften wie Illingen, Hüttersdorf und Dagstuhl (Mangangrube von Krettnich), im Hochgericht Nalbacher Tal oder in der Vierherrschaft Lebach entstanden Industriebetriebe.

Der Aufschwung löste einen Bauboom aus, der Amtleute, Industrielle und Äbte gleichermaßen erfasste. 1728 begann unter Abt Ferdinand von Koeler (r. 1694–1734) der Neubau der Benediktinerabtei Mettlach, der unter Heinrich Lejeune (r. 1735–1751) mit der ambitionierten Klosterfront am Saarufer (heute Fabrik Villeroy & Boch) seinen Abschluss fand. 1752 errichtete der kurtrierische Amtmann von Grimburg, Freiherr

Franz Georg Zandt von Merl (1723–1785) eine Residenz in Münchweiler und übernahm die Leitung der dortigen Eisenhütte. 1753 baute der Pächter der Dillinger Hütte George Théodore de Lasalle (1689–1765) das später so genannte Schloss Villeroy de Galhau in Wallerfangen. Der Deutsche Orden errichtete um 1760 eine großzügige Schlossanlage in Beckingen. Seit den 1770er Jahren baute Jean Henri-Christophe de Galhau an einer großen Schlossanlage in Fremersdorf (Kreis Rehlingen-Siersburg).

Die Nähe zu Frankreich wurde zum Standortvorteil für das Saarland, denn eine Reihe Adliger wollte auf Reichsboden dem stilbildenden Königshof von Versailles nahe sein. So verlegte z.B. Franz Carl von der Leyen (1736–1775) 1773 seine Residenz von Koblenz nach Blieskastel, und seine Witwe Marianne von der Leyen, geborene Dalberg (1745–1804) verwandelte den Ort in ein Juwel des Spätbarock, mit Neubau von Schloss, Schlosskirche, Orangerie, Pfarrkirche, Waisenhaus und zahlreichen Beamtenhäusern. Am Niederwürzbacher Weiher ließ sie den Annahof errichten, ihr Sohn Philipp Schloss Philippsburg mit Eremitage, Schweizerei, Komödienhaus und das Landhaus Monplaisir. Herzog Karl III. August von Pfalz-Zweibrücken (1746–1795) könnte man als Symbol dieser Bewegung nehmen: Er verlagerte nicht nur seine Residenz auf den Boden des heutigen Saarlands, sondern ließ nach den Plänen von Johann Christian von Mannlich (1741–1822) in den Jahren 1778–1785 das Gartenschloss Karlsberg errichten, das mit 1,5 Kilometern Länge zu den größten Schlossbauten Europas gehört. Die Bauarbeiten sprengten alle in der Region bekannten Dimensionen, wie man den Lebenserinnerungen Mannlichs entnehmen kann. Sie künden vom Hofleben eines Fürsten, dessen Konzerte, Feuerwerke und Theateraufführungen Gäste von weither anzogen, zum Beispiel im September 1785 zu den Hochzeitsfeierlichkeiten des Prinzen Max von Pfalz-Zweibrücken-Birkenfeld-Bischweiler (1756–1824), dem späteren Kurfürsten von Kurpfalz-Bayern (1799) und – als Maximilian I. Joseph – Begründer des bayerischen Königshauses (1806), an den 1816 als legitimen Erben die pfälzischen Teile des Saarlands fallen sollten.

Zu den Freilichtspielen, deren Höhepunkt nach einem venezianischen Jahrmarkt und Veranstaltungen auf vier Theaterbühnen mit deutschem und französischem Theater, Gauklern und Artisten ein simulierter Vulkanausbruch war, wurde neben dem Adel der Region die Bevölkerung eingeladen.

Die Schloss- und Gartenanlagen des Rokoko überstiegen allerdings die finanziellen Möglichkeiten der Kleinstaaten und führten trotz Wirtschaftsblüte zu hoher Verschuldung. Nassau-Saarbrücken war Ende der 1760er Jahre praktisch bankrott. Fürst Ludwig (1745–1794) wurde bei Regierungsantritt unter die Aufsicht einer von Kaiser Joseph II. eingesetzten Schuldentilgungskommission gestellt. Der Fürst trug Schulden ab und gewann Spielraum durch Verwaltungsreformen. Als aktiver Freimaurer schaffte er im Geist der Aufklärung die Folter im Strafprozess und die Kirchenvisitationen ab und schränkte das häufige Glockengeläute ein. Die Schulordnung von 1784 sah Gehaltserhöhungen für Lehrer vor, der Brandschutz in den Städten wurde verbessert. Der letzte regierende Fürst von Saarbrücken war durch Studien an der Universität Straßburg und eine jahrelange Kavalierstour auf seine Regierungsaufgabe vorbereitet worden. Die Ehe mit Prinzessin Wilhelmine Sophie Eleonore von Schwarzburg-Rudolstadt (1751–1780), aus welcher der Thronfolger Heinrich (1768–1794) hervorging, sollte den Bestand der Dynastie garantieren.

Das rege Hofleben belebte die Kultur. Goethe erwähnt 1770 die Gastfreundschaft des Kammerpräsidenten Hieronymus Maximilian von Günderode (1730–1777), der bald den Straßburger Dichter Heinrich Leopold Wagner (1747–1779) als Hofmeister beschäftigte. Mit Wagner, der seine Romanze *Phaeton* dem Saarbrücker Fürsten widmete, ist das Projekt einer belletristischen Lesegesellschaft verbunden, doch die Hofbeamten und Wirtschaftsbürger zogen den Verein des Gymnasialrektors Johann Nikolaus Kiefer mit Bibliothek und Zeitungsbestand vor. Der Plan einer Ritterakademie scheiterte, weil sich keine Studenten meldeten. Erfolgreicher waren die vier Freimaurerlogen. Hofmaler Johann Friedrich Dryander (1756–1812) porträtierte den Fürsten als Hochmeister der Loge zum Hl. Ludwig

(Le Brave Maçons de Saint-Louis), der Angehörige des Hofadels und Staatsbeamte angehörten. Dagegen überwogen in der 1779 gegründeten Heinrichsloge (*La Loge de Saint-Jean des Braves Maçons de Saint-Henri*) die Angehörigen bürgerlicher Berufe, darunter Kaufleute wie Johann Thomas Röchling und Heinrich Jakob Karcher. Die Logen waren wie die Lese- und die wirtschaftsbürgerliche Kranengesellschaft aufgeklärte Clubs im Sinne einer Vereinigung des Adels mit den Bürgern. Sie stehen am Anfang des Vereinswesens an der Saar.

Auf vielen Gebieten zeigen sich Ende des 18. Jahrhunderts Auflösungserscheinungen der Ständegesellschaft. Die Fürsten von Zweibrücken und Saarbrücken düpierten den alten Adel durch unstandesgemäße Liebschaften und die Bürger durch ihre Traumwelt aus Lustschlössern und phantastischen Gartenanlagen, deren Kosten den Steuerertrag der Kleinstaaten weit überstiegen. Fürst Ludwig verbrachte den größten Teil des Sommers mit Mätresse auf dem Lustschloss Ludwigsberg mit Hoffesten und Theateraufführungen. Die Fürstin stattete ihr Lieblingsschloss Monplaisir unter Einbeziehung der antiken Mithrashöhle in eine Phantasielandschaft mit Statuen und Wasserspielen um. 1787 erhielt Saarbrücken ein eigenes Theatergebäude, für das August Wilhelm Iffland (1759–1814) aus Mannheim engagiert wurde. Gemäß seiner Autobiographie verfasste er im Auftrag des Fürsten den Einakter *Luassan* – wenn man den Titel rückwärts liest: Nassau L(udwig). Reisende wie der Illuminat Freiherr Adolph von Knigge (1752–1796) schrieben, am Hof werde die Kultur gepflegt, die Konversation sei geistreich und der regierende Fürst nicht von Standesdünkel zerfressen.

Das aufwändige Hofleben wurde durch Belastung der Untertanen bezahlt. Die Erfindung immer neuer Steuern, die Einschränkung ihrer Rechte und die Vermehrung altertümlicher Frondienste trieben die Untertanen in die Rebellion. Bereits 1721 hatten sich die Untertanen der Grafschaft Saarwerden gegen die Dynastie Nassau-Saarbrücken erhoben. 1722 gingen die Einwohner der Reichsherrschaft Hüttersdorf nach einem Streit um Waldnutzungsrechte mit Knüppeln, Mistgabeln und Steinen gegen den Freiherrn Hagen zur Motten und andere Adlige vor.

Das Reichskammergerichtsurteil mündete 1737 in den nächsten Aufstand der Bauern. In Nassau-Saarbrücken löste der Erlass einer Forstordnung eine Welle von Klageschriften aus. Der Abt von Wadgassen machte sich zum Sprecher seiner Bauern gegen die Bedrückungen durch die Grafen von Nassau-Saarbrücken. In der Reichsherrschaft Saarwellingen der Grafen von Wied-Runkel blieben die Proteste knapp unterhalb der Gewaltschwelle, aber die Bauern prozessierten vor den Reichsgerichten das ganze Jahrhundert gegen willkürliche Frondienste auf der Basis der Leibeigenschaft und die Einschränkung ihrer gemeindlichen Rechte. In den 1760er Jahren klagten die Bauern von Völklingen, danach die Köllertaler Gemeinden vor dem Reichskammergericht gegen den Fürsten von Nassau-Saarbrücken. Dort, in Blieskastel sowie in Pfalz-Zweibrücken machten in den 1770er und 1780er Jahren mehrere Wellen von Petitionen dem Unmut Luft.

4. Das lange 19. Jahrhundert

Die französische Herrschaft – vom Untertan zum Bürger

Die Auswirkungen der Großen Revolution, die Frankreich in seinen Grundfesten erschütterten, waren noch in weiten Teilen des Heiligen Römischen Reichs Deutscher Nation zu spüren. Mit Maueranschlägen und Pamphleten wurde zum Widerstand gegen die Obrigkeit aufgerufen. Besonders heftig reagierten die Untertanen der Saarregion. Die Fürsten waren nicht zu grundlegenden Reformen bereit, sondern glaubten, mit einzelnen Zugeständnissen die Bevölkerung zu beruhigen. Doch nachdem die französische Nationalversammlung am 4./5. August 1789 die Privilegien des Adels aufhob, wagten die Bauern in Saarwerden und Blieskastel den offenen Aufstand. Er wurde mit oberrheinischen Kreistruppen niedergeschlagen. Aufgrund des Ersten Koalitionskriegs sahen sich die Landesherren ab 1792 einem viel bedrohlicheren Krisenszenario ausgesetzt. Der äußerste Westen des Reichs wurde abermals Schauplatz kriegerischer Auseinandersetzungen. Die Revolutionäre in Paris sahen sich von inneren und äußeren Feinden bedroht und veranlassten den König zur Kriegserklärung an den König von Ungarn und Böhmen. Ludwig XVI. (1754–1793) hoffte, durch eine rasche Niederlage der französischen Armee wieder in seine alten Rechte eingesetzt zu werden, da seine jüngeren Brüder von Koblenz aus gegen das revolutionäre Frankreich agitierten. Von ihrem Onkel, dem Trierer Kurfürsten Clemens Wenzeslaus (1739–1812), finanziell großzügig unterstützt, rekrutierten sie politische Emigranten, allen voran französische Offiziere, für eine konterrevolutionäre Armee am Rhein. Hinzu kam Preußen. Es hatte nämlich erwartet, leichte Beute zu machen, als es sich dem Kampf gegen das revolutionäre Frankreich anschloss. Im September 1792 zerbrach diese Illusion nach dem erfolglosen Versuch der Koalitionstruppen, in Frankreich einzumarschieren, und der Niederlage von Valmy. Als General Custine im November 1792 mit der Rheinarmee vorzurücken begann, befanden sich Teile des Westrichs in offenem Aufruhr. In Blieskastel und Saarbrücken kam es zu verfassungsrechtlich interessanten Vorgängen: Abgeordnete sämtlicher Gemeinden traten in diesen Ländern ohne landständische Vertretung als «Landschaftsversammlungen» im September 1789 in Verhandlungen mit den Fürsten ein. An die Stelle der Bittschriften traten Forderungskataloge. Im Oktober 1789 wurde in Saarbrücken die Entlassung des verhassten Regierungspräsidenten Johann Friedrich Hammerer von Hammerstein (ca. 1745–1822) erreicht. Im Monatstakt machten die Fürsten jetzt Zugeständnisse, bis in Blieskastel 1790 und in Saarbrücken am 20. Januar 1793 die Leibeigenschaft aufgehoben wurde. Doch dies war zu spät. Frankreich war inzwischen Republik und sagte Hilfe für alle Völker zu, die ihre Freiheit wiedererlangen wollten. Einige Territorien im Westrich mit traditioneller Bindung an Frankreich nutzten dies zur Loslösung vom Reich. Die Einwohner der Grafschaft Saarwerden ersuchten im Dezember um «Reunion», und im Februar 1793 stellte die Republik sie unter ihren Schutz. Dasselbe ereignete sich mit den

Zweibrückischen Ämtern Schaumburg und Püttlingen, die früher zu Frankreich gehört hatten. Ein Gesuch der Gemeinde St. Ingbert wurde hingegen von der Nationalversammlung abgelehnt.

Die Saarregion war bis in den Spätherbst 1794 abermals Schauplatz kriegerischer Handlungen, wobei es für die Menschen letztendlich keine Rolle spielte, ob französische oder alliierte Truppen durchmarschierten. Alle requirierten Lebensmittel, Holz und Futter für die Pferde aus der jeweiligen Umgebung, was für die ohnehin mehrheitlich arme Bevölkerung immer außerordentliche Belastungen und Hunger bedeuten konnte. Französische Truppen plünderten in Schlössern und Klöstern. Zudem betrieben die neuen Herren systematisch Kunstraub. Die Landesherren fürchteten um ihr Leben und flohen in rechtsrheinische Gebiete. Der letzte Fürst von Nassau-Saarbrücken, Ludwig, starb 1794 in Aschaffenburg; sein Sohn, Heinrich, verunglückte 1797 bei einem Reitunfall. Die saarländischen Gebiete wurden 1794 zunächst besetzt und dann mit dem Vertrag von Lunéville 1801 annektiert. In den ersten Jahren nach der Okkupation wechselten sich in rascher Folge häufig rivalisierende militärische und zivile Verwaltungen ab. Die französischen Truppen forderten in den besetzten Gebieten weiterhin hohe Kontributionszahlungen. Nachdem Preußen im Frieden von Basel 1795 und Österreich im Frieden von Campo Formio im Oktober 1797 alle linksrheinischen Gebiete in Geheimartikeln abtraten, begann der Neuaufbau der französischen Verwaltung nach modernen, rationalen Prinzipien. Die Grenzen der Kleinstaaten waren fortan für die Saarländer aufgehoben. Der größte Teil des heutigen Saarlands wurde dem Saar-Departement zugeordnet. Kleinere Gebiete gehörten im Norden dem benachbarten luxemburgischen Wälder-Departement, im Westen dem Mosel-Departement und im Süden dem Donnersberg-Departement mit der Hauptstadt Mainz an. Die mit rund 10 000 Einwohnern größte Staat Trier wurde Verwaltungsmittelpunkt des Saar-Departements. Saarbrücken erhielt 1800 aufgrund der napoleonischen Reformen eine Unterpräfektur für das gleichnamige Arrondissement. Sitz der Unterpräfektur war das Erbprinzenpalais am Schlossplatz. Auf der nächsten Verwaltungsebene folgten als Kantone Arnual, Blieskastel, Lebach, Merzig, Ottweiler sowie St. Wendel. Größere Dörfer fungierten als eigenständige *Mairien*, kleinere wurden zu einer *Mairie* zusammengefasst.

Die Neuorganisation des Justiz- und Verwaltungswesens ab 1798 umfasste die Übernahme der französischen Gerichtsordnung, öffentliche und mündliche Verfahren sowie die Gleichheit aller vor Gericht. Hinzu kamen die allgemeine Gewerbefreiheit, die Beseitigung der Feudalrechte und damit einhergehend die Abschaffung des Zehnten. Die Bauern waren wie in Frankreich ohne teure Ablösesummen mit einem Schlag von den Feudallasten befreit. Die Zunftordnung wurde aufgehoben, was einschneidende Auswirkungen für das städtische Handwerk hatte. Durch die französische Annexion stand den Kaufleuten einerseits ein Markt mit über 25 Millionen Konsumenten offen. Andererseits mussten sich aufgrund der verschobenen Zollgrenze diejenigen umorientieren, die zuvor ihre Produkte in die deutschen Nachbargebiete exportiert hatten. Für die Juden bedeutete die französische Zeit nicht nur die Freiheit ihrer Religionsausübung und der Wohnortwahl, sondern auch einen Neuanfang in rechtlicher, sozialer und wirtschaftlicher Hinsicht nach Jahrhunderten als Schutzbefohlene in Mitteleuropa. Man kann das Jahr 1798 für das Saarland als Epochenjahr bezeichnen, da umwälzende Reformen Veränderungen in nahezu allen Lebensbereichen bedingten und Neues an die Stelle überkommener Traditionen gesetzt wurde. Nach seiner Machtübernahme im November 1799 führte Napoleon (1769–1821) das hierarchisch organisierte Präfekturwesen ein, hielt aber an vielen Errungenschaften der Französischen Revolution bewusst fest.

Die revolutionären bzw. napoleonischen Gesetze wirkten sich in allen Lebensbereichen aus. So wurden die enteigneten Liegenschaften der Kirche und des Adels wie in Frankreich seit 1803 als Nationalgüter öffentlich versteigert. Allein aus dem Arrondissement Saarbrücken kamen binnen zehn Jahren 400 teilweise äußerst wertvolle Immobilien unter den Hammer. In den katholischen Regionen gehörten neben dem Kurfürsten die Abteien von Wadgassen und Mettlach zu den größten Verlierern. Die traditionellen Eliten der Region ergriffen die einmalige Chance, erhebliche Summen zu investieren. Allen voran engagierten sich in diesem Markt die städtischen Kaufleute, die mit diesen Gütern auch einen schwunghaften Handel trieben. Als besonders erfolgreicher Nationalgüterkäufer und -händler aus der Region erwies sich Franz Albert Lasalle aus Louisenthal, der für sich und mit ihm verwandte Mitglieder der Familie Galhau in Trier Nationalgüter für mehrere 100 000 Francs erwarb und weiterveräußerte. Zum Vergleich: Ein Tagelöhner verdiente damals einen Franc am Tag, und ein Richter am Ersten Instanzgericht verfügte über ein Jahresgehalt von 2000 Francs. Als nicht minder geschickt erwies sich Kaufmann Philipp Cetto aus St. Wendel. Er kaufte bei den Versteigerungen Güter im Wert von rund 130 000 Francs, weitere Güter für 40 000 Francs vermittelte er an andere Interessenten weiter. Mit Abstand das teuerste Objekt, das Cetto auf den öffentlichen Auktionen für über 60 000 Francs erwarb, war ein Hofgut in Gräfinthal, das zuvor dem Stift St. Sebastian aus Blieskastel gehört hatte. Auch die Familie Stumm profitierte als Hüttenbesitzer erheblich von dieser Besitzumschichtung. So kaufte sie in Paris von Armeelieferanten 1806 für rund 300 000 Francs Immobilien, darunter zwei Hüttenwerke und Schmelzöfen in Neunkirchen.

Auch die einfachere Bevölkerung des Saarlands ging nicht leer aus. Viele Bauern konnten aufgrund des nun herrschenden Angebots erstmals den lang ersehnten Traum verwirklichen, eigenen Grund und Boden zu erwerben. Trotzdem gilt es zu betonen, dass die ohnehin schon vermögenden, traditionellen Eliten die eigentlichen Gewinner dieser Auktionen waren. Die Nationalgüterverkäufe boten ihnen die Chance, ihre wirtschaftliche und soziale Stellung zu festigen und teilweise ganz erheblich zu steigern. Diese von Napoleon unterstützten Notabeln, auf deren Zusammenarbeit er in der Wirtschaft, in der (Selbst)-Verwaltung und im Heeresdienst angewiesen war, versammelten sich dann in ihrer Freizeit gerne in den neu entstehenden, dem Zeitgeist entsprechenden Gesellschaften. So gab es während der französischen Zeit für Männer mit Besitz und Bildung bessere Möglichkeiten als je zuvor, in Gesellschaften ihre Interessen zu pflegen. Während der Französischen Revolution erfasste die Gesellschaft ein gewaltiger Politisierungsschub, was zur Gründung politischer Klubs führte. So entstanden etwa in Saarlouis 1791 ein Jakobinerklub und eine Volksgesellschaft, die *Société populaire*. Bemerkenswert ist weiterhin das politische Engagement in der ehemals kurtrierischen Amtsstadt St. Wendel. Dass es hier 1798 zur Bildung eines Klubs kam, lag besonders am starken Engagement der Nachfahren der italienischen und französischen Migrantenfamilien, allen voran der Brüder Cetto sowie der Brüder Lion. Im Gegensatz zu den von Paris gehegten Absichten, mittels derartiger Klubs in den neu eroberten Gebieten unkritisch für die französischen Werte zu werben, nutzte die hier versammelte städtische Elite dieses Forum sehr geschickt, um autonome Forderungen gegenüber der französischen Zivilverwaltung zu vertreten und teilweise auch durchzusetzen. Der erst 24-jährige Karl Cetto war Präsident des «Bundes für Freiheit und Recht», wobei er sich in dieser Funktion auch maßgeblich für die Errichtung eines Freiheitsbaumes einsetzte, jenes weithin sichtbaren Symbols der Revolutionsbegeisterung.

In der neuen Arrondissementhauptstadt Saarbrücken ging es konservativer zu. Während der Revolutionskriege stellte die Kranengesellschaft für einige Jahre ihre Aktivitäten ein, um 1796 als Colleg und 1817 als Casino Gesellschaft weiterzuexistieren, jeweils unter neuem Namen, aber frequentiert von den alten Eliten. Den Vorstand übernahm der in Politik und Verwaltung herausragende Wilhelm Heinrich Dern, ein ehemals nassauisch-saarbrückischer Regierungsrat, der das Saar-Departement 1803–1807 im Pariser *Corps Législatif* vertrat. Zur Ausbildung von Logen kam es in Saarlouis und Zweibrücken. Die in derartigen Gesellschaften vertretenen deutschen und französischen Notabeln pflegten gemeinsame kulturelle Interessen. Vergleichbare Ausbildungswege und vor allem das entsprechende Vermögen erlaubten es ihnen, diese elitäre Vereinsform zu besuchen und Netzwerke aufzubauen. Darüber hinaus saßen sie in den verschiedenen politischen Mitbestimmungsgremien Seite an

Seite. In den Stadträten und in den Gremien auf Arrondissement- und Departementsebene waren auffallend viele Mitglieder der frühindustriellen Familien – Karcher, Röchling und Stumm – vertreten.

Die Saarländer arrangierten sich während der napoleonischen Zeit weitgehend mit dem neuen politischen System, an dem Napoleon sie in Beratungsgremien auf lokaler und regionaler Ebene beteiligte. Allein durch Saarbrücken reiste der Kaiser siebenmal – Begegnungen, die Raum für den staatlich verordneten Herrscherkult boten. Bei allen Errungenschaften darf man die bedrückenden Schattenseiten der Epoche nicht übersehen. Gegen Ende des Empires wurde die Steuerschraube wieder stärker angezogen. Besonders einschneidend aber wirkte sich die allgemeine Wehrpflicht aus. Sie war für die Saarländer ein Novum und erfasste weite Kreise der Bevölkerung. In Frankreich wurde 1793 erstmals unter dem Druck militärischer Niederlagen die allgemeine Wehrpflicht angeordnet. Grundsätzlich galt, dass jeder Mann zwischen 20 und 25 Jahren wehrpflichtig war, wenn er nicht verheiratet oder untauglich zum Kriegsdienst war. Kleriker blieben ausgenommen. Außerdem bestand für Betroffene die Möglichkeit, einen Ersatzmann zu stellen, was sich aber nur die Reichen leisten konnten. Die Dienstdauer umfasste fünf Jahre, wurde aber auch teilweise überschritten. Die Aushebung der Rekruten war gewissen Konjunkturen unterworfen; die meisten Einberufungen erfolgten während der letzten Jahre des *Empires*. Im Saar-Departement wurden zwischen 1801 und 1813 insgesamt 13 590 Wehrpflichtige eingezogen, davon allein 4300 im Jahr 1813. Da für die napoleonische Armee eine «Verlustquote» von rund 37% errechnet wurde, kann man davon ausgehen, dass etwa 5000 Wehrpflichtige aus der Region nicht heimkehrten. Erstaunlich ist, dass die Zahl der Deserteure auffallend gering blieb; vor allem im Saar-Departement entzogen sich deutlich weniger Wehrpflichtige dem Dienst als in Innerfrankreich. Nachdem das Rheinland und Westfalen 1815 vom Wiener Kongress Preußen zugeteilt wurden, blieb die Wehrpflicht bestehen, allein die Dienstdauer verkürzte sich auf drei Jahre, und Feldzüge sollte es lange Zeit nicht mehr geben.

Auch die nachrevolutionären Versuche, das Schul- und Wohlfahrtswesen sowie die Kirche zu reformieren, waren alles andere als unproblematisch. Modernisierungsversuche der neuen Herrscher im Bereich der Armenfürsorge oder in der medizinischen Fürsorge zeitigten nicht die gewünschten Erfolge. Während des *Ancien Régime* lag das Erziehungs- und Bildungswesen in den katholischen Gebieten vornehmlich in der Hand von Geistlichen. Mit der Säkularisierung übernahm nun der französische Staat das Schulwesen. An die Stelle der Volksschule trat die Primärschule. Das Saarbrücker Gymnasium wurde durch die Sekundärschule ersetzt, die auch nach den Reformen weiterhin der seit 1759 im Amt befindliche Johann Nikolaus Kiefer aus Niederlinxweiler leitete. Radikaler waren die Veränderungen im Bereich der katholischen Kirche, obwohl die Saarregion von den schlimmsten Auswüchsen revolutionärer Kirchenpolitik weitgehend verschont blieb. Doch kam es auch hier zur Enteignung fast aller geistlichen Orden. Napoleon beendete jedoch nach 1800 die revolutionäre Kirchenpolitik, welche die Gesellschaft tief gespalten hatte. Er sah in der katholischen Kirche einen Faktor der Machtstabilisierung und söhnte sich mit dem Papst aus. Der 1802 für das neu geschaffene Bistum Trier berufene Oberhirte Charles Manney organisierte die Pfarreien im Saar-Departement neu.

Insgesamt leitete die 20 Jahre währende französische Herrschaft grundlegende Wandlungsprozesse ein. In den deutschen Staaten rechts des Rheins wurden viele Errungenschaften erst im Laufe des 19. Jahrhunderts erreicht: etwa die Bauernbefreiung, die Aufhebung der Zünfte, die Abschaffung der Privilegien oder der Aufbau eines bürgerlichen Rechtssystems. Auch wenn man die Schattenseiten der französischen Zeit, vor allem die nicht enden wollenden Kriege, nicht «kleinreden» darf, verwundert es nicht, dass die preußischen und russischen Truppen im Januar 1814 bei ihrem Einmarsch im Saarland keineswegs als Befreier bejubelt wurden. Über sein weiteres Schicksal wurde nach 20 Jahren Krieg auf dem Wiener Kongress entschieden, wo Monarchen, Fürsten und Minister über die staatliche Neuordnung Europas berieten und eine Friedensordnung schufen. Die

Pfalz wurde wieder dem bayerischen Königshaus, das Rheinland wurde mit Westfalen Preußen zugeteilt, das über diese territorialen Gewinne nur wenig glücklich war, hätte es doch vielmehr die völlige Einverleibung Sachsens bevorzugt. England und Russland hofften jedoch, dass Preußens militärische Präsenz am Rhein Frankreich von neuerlichen Expansionsplänen Richtung Osten abhalten würde.

Die Mehrzahl der Menschen im Linksrheinischen, allen voran die Katholiken, hegten Ressentiments gegenüber den Preußen. Bauern fürchteten eine Refeudalisierung, und unter den Nationalgüterkäufern entstand große Unruhe, da sie befürchteten, dass die Verkäufe nun als rechtswidrig und ungültig erklärt werden könnten. Die Notabeln kämpften während der nun folgenden Restauration dafür, dass sie «ihr» rheinisches Recht (gemeint waren die napoleonischen Codes) behalten durften. Preußen war so klug, nicht an den revolutionären Errungenschaften zu rühren und grundlegende Veränderungen, wie etwa die Abschaffung der alten Privilegien, nicht wieder rückgängig zu machen. So blieb das Saarland nach 1815 eine der modernsten und zukunftsweisendsten Regionen des Deutschen Bundes.

Unter Preußen und Bayern

Die territoriale Neuordnung orientierte sich nach 1815 an den französischen Verwaltungsgrenzen. Der südöstliche Teil des heutigen Saarlands, die ehemalige Reichsherrschaft Blieskastel, ging 1816 ebenfalls an Bayern. Insgesamt entsprachen die ihm zugeteilten Gebiete in etwa dem Donnersberg-Departement. Bezeichnet wurde das bayerische Gebiet mit der Hauptstadt Speyer als Pfalzkreis. Dem Großherzogtum Oldenburg wurde das Fürstentum Birkenfeld mit Nohfelden und Sötern zugesprochen. Zudem schuf der Wiener Kongress ein recht seltsames Staatsgebilde in und um St. Wendel. Dem Herzog Ernst von Sachsen-Coburg war für seine Verdienste während der sogenannten Befreiungskriege und aufgrund der Unterstützung dieses Hauses für die Politik Metternichs das Territorium um St. Wendel zugewiesen worden; es umfasste rund 25 000 Menschen. 1819 wurde aus dem Gebiet das selbstständige Fürstentum Lichtenberg gebildet. In Coburg sah man, so behaupteten böse Zungen, dieses Ländchen ohnehin nur als Exil für unbrauchbare Beamte an. Die St. Wendeler waren von der coburgischen Regierung ebenso wenig begeistert wie ihre Nachbarn von der preußischen. Denn weder in diesem Zwergstaat noch im benachbarten Preußen wurden Verfassungen erlassen, was immer wieder zu Protesten seitens Liberaler und Demokraten führte.

Der weitaus größte Teil des heutigen Saarlands fiel aber an Preußen. Aus französischen Kantonen wurden die preußischen Kreise Merzig, St. Wendel, Ottweiler, Saarlouis und Saarbrücken. Die nächsthöhere Instanz, die zuständige Bezirksregierung, blieb weiterhin in Trier angesiedelt, der Oberpräsident der Rheinprovinz saß in Koblenz. Oberpräsidenten kamen immer und Landräte in der Mehrzahl aus den östlichen Provinzen der preußischen Monarchie. Sie betrachteten die ihnen anvertrauten Menschen mit Argwohn. Die zweite Besonderheit der preußischen Verwaltung stellten die Bezirksregierungen dar. Sie waren nicht hierarchisch wie eine Präfektur organisiert, sondern kollegial. Die Beratungen der Beamten sollten Unparteilichkeit und Rechtsstaatlichkeit garantieren. Als «Ersatz» für die ausgesetzte, verhinderte Verfassung richtete die Regierung 1823/24 einen Provinziallandtag in Koblenz ein, in dem die Vorherrschaft der Notabeln gesichert war. Ohnehin war die Kompetenz der Landtage gering. In den bayerischen Teilen des Saarlands waren die Verhältnisse liberaler. Bayern gehörte seit 1808 zu den wenigen konstitutionellen Staaten, aber auch hier waren wie im benachbarten Preußen die Möglichkeiten der politischen Partizipation stark eingeschränkt und den Notabeln vorbehalten.

Nach 1815 regierten die konservativen Monarchen gemeinsam mit den traditionellen Eliten, ihnen gegenüber standen oppositionelle Gruppen, die immer wieder versuchten, liberale Reformen nach amerikanischem oder französischem Modell durchzusetzen. Die Rhein- und Saarländer galten in Berlin und München aufgrund ihrer politischen Erfahrung und der räumlichen Nähe zu Frankreich als unsichere Kantonisten. Mit Argusaugen schaute man auf diese Region, wenn es zu politischen

Unruhen im Mutterland der Revolution kam. 1830 schien der Funke der Julirevolution zunächst nicht auf Westdeutschland überzuspringen, und doch führte ihre Rezeption zur Stärkung der außerparlamentarischen Opposition. Ein Ergebnis war das berühmte Hambacher Fest, wo mehr als 20 000 Menschen im Mai 1832 in der bayerischen Pfalz für liberale Freiheiten und einen Nationalstaat demonstrierten. An dieser ersten Massendemonstration der deutschen Geschichte beteiligten sich in großer Zahl die Liberalen der Saarregion. Zudem strahlte das Fest in die Region aus. So erreichten die zeitgleichen Unruhen in St. Wendel ein größeres Ausmaß. Aus Solidarität mit Hambach wurde auch hier ein Fest abgehalten und ein Freiheitsbaum nach französischem Vorbild errichtet. An der Landesgrenze stehende preußische Truppen wurden gerufen, um weitere öffentliche Demonstrationen zu verhindern. Petitionen an den Herzog von Sachsen-Coburg, in denen politische Partizipation gefordert wurde, blieben unbeantwortet. In den folgenden Wochen kam es zu weiteren tumultartigen Szenen, bei denen im Amtsgebäude die Fenster eingeworfen wurden. Daraufhin marschierten erneut preußische Truppen mit 1000 Mann in St. Wendel ein. Es wurde der Belagerungszustand verhängt. Die eingeleiteten Gerichtsverfahren gegen die Wortführer endeten mit Freiheits- und Geldstrafen. 1834 veräußerte der Herzog sein Fürstentum an Preußen.

Im Frühjahr 1848 standen die Zeichen erneut europaweit auf Sturm, doch diesmal blieb es in der Saarregion verhältnismäßig ruhig. Während in der Bezirkshauptstadt Trier die Barrikadenkämpfe tobten, begnügte man sich in den Saarstädten mit dem Abfassen von Petitionen. Saarbrücken beteiligte sich ab Anfang März zunächst an der revolutionären Bewegung mit einer von dem Rechtsanwalt Ferdinand Dietzsch entworfenen Adresse an den preußischen König. Gefordert wurden, wie andernorts, ein deutsches Parlament, Presse- und Versammlungsfreiheit, Volksbewaffnung statt stehendem Heer, allgemeines Wahlrecht, eine preußische Volksvertretung, Ministerverantwortlichkeit sowie eine gerechtere Besteuerung. In den nächsten Monaten wurden auch an der Saar die schwarz-rot-goldenen Fahnen gehisst, man sang patriotische Lieder und trug schwarz-rot-goldene Uhrbänder als Zeichen nationaler Gesinnung. In das Frankfurter Parlament wurde für Saarbrücken Dietzsch gewählt sowie der liberale Karl Cetto für den Wahlkreis St. Wendel. Anfang April 1849 nahm dieser an der Delegation teil, die dem preußischen König Friedrich Wilhelm IV. (1795–1861) vergeblich die deutsche Kaiserkrone antrug.

Im Spätherbst erfolgte in St. Johann die Gründung eines liberalen und in Saarbrücken eines konservativ-liberalen Bürgervereins für politische Debatten und Aktionen, die nur wenige Monate existierten. Die Restauration eroberte nun wieder unaufhaltsam Terrain. Friedrich Wilhelm IV. konnte im Spätherbst die im Frühjahr ernannten liberalen Minister wieder entlassen, die Berliner Nationalversammlung wurde nach Brandenburg verlegt und schließlich aufgelöst. Die gewährte Presse- und Versammlungsfreiheit schränkte der König wieder ein, politische Vereine wurden erneut verboten. Auffallend bleibt, dass es in den Städten des Saarlands verglichen etwa mit Trier oder Köln weniger zu Krawallen und zu revolutionären Aktionen der Unterschichten kam. Vielleicht weil aufgrund der besseren wirtschaftlichen Lage an der Saar weniger Armut herrschte als in der nahen Bezirkshauptstadt, die sich nur schwach industriell entwickelte und von der Moselwinzerkrise erschüttert wurde. Doch letztendlich sollte die Industrielle Revolution die sozialen Probleme auch in der Saarregion erst gegen Ende des 19. Jahrhunderts lösen.

Zu Beginn der preußischen Herrschaft stand das Saarland vor einer wirtschaftlich komplexen Problemlage. Es befand sich nach der Eingliederung in die Rheinprovinz abermals in einer äußerst ungünstigen Grenzlage. Frankreich und die Niederlande schützten ihre Volkswirtschaften durch hohe Schutzzölle, die preußische Zollgesetzgebung folgte hingegen den Maximen eines gemäßigten Freihandels und förderte den Import billiger Waren. Erschwerend kam hinzu, dass der preußische Staat den Steuerdruck steigerte, um die exorbitanten Kriegskosten der letzten Jahre zu begleichen. In den neu erworbenen Gebieten fielen die Steueranhebungen zudem höher aus als in Altpreußen.

Die Steigerung des Grundsteuersatzes um 50–100 % begleitete 1820 die Einführung der Mahl- und Schlachtsteuer. Innerhalb der Städte mussten Bäcker und Metzger zusätzliche Abgaben für ihre Produkte zahlen. Diese Sonderabgaben auf Lebensmittel trafen naturgemäß die unteren Bevölkerungsschichten am härtesten.

Industrialisiert war die Saarregion erst in Ansätzen. Die erste Hälfte des 19. Jahrhunderts war sozial-, wirtschafts- und mentalitätsgeschichtlich eine Epoche des Übergangs. Die Landwirtschaft blieb immer noch der ökonomische Leitsektor und die ländliche Lebenswelt das vorherrschende soziale Milieu. Dabei prägten die naturräumlichen Gegebenheiten weiterhin die bäuerliche Existenz entscheidend. Der Norden der Saarregion von Merzig über Wadern, Lebach, Tholey nach St. Wendel gehörte zu den Armenhäusern Deutschlands. Ganz anders jene Landstriche, die von der Natur begünstigt, fruchtbar, siedlungsfreundlich oder auch nur verkehrsgünstig gelegen waren: das Flusstal der Saar oder die an diese angrenzenden Landschaften an der Saar und der Blies. Die agrarisch geprägte Welt geriet in eine Krise und sollte sich grundlegend wandeln. Die im Dorf vorherrschende Subsistenzwirtschaft, bei der die Dorfbewohner gemeinsam Acker, Weide und Wald nutzten und vornehmlich für den Eigenbedarf produzierten, wurde abgelöst. Zu diesem längerfristigen Prozess trugen Erbteilung, Marktorientierung und die demographische Entwicklung bei.

Die Zahlen belegen für das Saarland ein enormes Bevölkerungswachstum aufgrund der abnehmenden Kindersterblichkeit. Wohnten 1800 rund 117 000 Menschen in der Region, so waren es 1855 bereits 250 000. Zu diesen demographischen Veränderungen kamen neue Besitzrechtsregelungen. Weil nach dem weiterhin geltenden *Code Napoléon* alle Kinder gleich erbberechtigt waren, führte dieser moderne Grundsatz zu einer Besitzzersplitterung und Parzellierung sondersgleichen. Es fand ein Konzentrationsprozess statt: Die größeren Bauernhöfe produzierten nun zunehmend für die Märkte, und kleinere Höfe mussten aufgegeben werden. Alles in allem waren die Folgen dieses Modernisierungsprozesses Massenarmut und Migration.

Um diesem Elend zu entfliehen, suchten viele ihr Heil in der Auswanderung nach Übersee. Vor allem nach wirtschaftlichen Krisenjahren stiegen die Migrantenzahlen an, wobei sich dieser Trend seit den 1830er Jahren verstärkte. Ganz deutlich sind die Motive für die Migration in den Jahren 1846/47 zu sehen. 1846, zu Beginn einer säkularen Hunger- und Armutskrise, kehrten jeweils mehr als 500 Personen aus den ländlichen Kreisen St. Wendel, Merzig und Ottweiler ihrer Heimat den Rücken. Im nächsten Jahr stieg die Zahl im Kreis Merzig sogar auf 630 Einwohner. Alles in allem waren es in diesem Jahrzehnt rund 7500 Menschen, die aus den preußischen Saarkreisen in die USA auswanderten. Die Regierung reagierte hochgradig besorgt und forderte von den Landräten eine Ursachenanalyse für das um sich greifende «Übel» der Auswanderung. Deren Berichte enthüllen die prekäre Lage der Nordsaarregion. Sie sahen die Hauptgründe in Missernten, der wachsenden Bevölkerung und der zunehmenden Zersplitterung des Grundbesitzes. Die Menschen befürchteten, dass ihre Nachkommen in eine noch desolatere Situation geraten könnten. Diese mangelnden Zukunftsperspektiven waren ein weiteres Hauptmotiv für die Auswanderung. Zudem schrieben die bereits Ausgewanderten euphorische Berichte, was die Hoffnung auf sozialen Aufstieg in Amerika nährte. Die Folge war eine Art Kettenwanderung, derart, dass bereits erfolgreiche Emigranten weitere Familienmitglieder nachzogen.

Schließlich verlangte die Trierer Bezirksregierung 1852 erneut Meldung über die Auswanderungsgründe und eventuelle Gegenmaßnahmen. Ähnlich wie schon in den 1840er Jahren diagnostizierten die Landräte die Ursache für die Auswanderungen in der fortschreitenden Verarmung, die auf die Zersplitterung des Grundvermögens aufgrund der bestehenden Erbrechtsregelungen zurückzuführen sei. Sie äußerten sich besorgt, dass nicht nur die Tagelöhner, sondern auch die mittleren und kapitalkräftigen Bauern das Land verließen. Dabei wanderten ohnehin nicht die Ärmsten aus, sondern vornehmlich risikobereite und unternehmungslustige Angehörige der Mittelschichten, die sich die teure Übersiedlung überhaupt leisten konnten. Seit den

1870er Jahren löste sich das Problem aufgrund der nun rasant wachsenden saarländischen Industrie.

Der wirtschaftliche Boom

Zur eigentlichen Take-Off-Phase kam es im Saarland erst nach der Jahrhundertmitte. Doch nicht nur in den Führungssektoren Steinkohlebergbau und Eisenverhüttung, sondern auch im Glashüttengewerbe sowie in der Keramikproduktion bestanden bereits vor 1850 Industriezweige, deren regionale Bedeutung beträchtlich zunahm. Die Zahl der Arbeiter in diesen Branchen hatte sich vervierfacht, von rund 2300 im Jahr 1820 auf etwa 10 500 im Jahr 1850. Nimmt man noch kleinere Produktionszweige hinzu, dann waren schätzungsweise 20% der Erwerbstätigen in frühindustriellen Betrieben beschäftigt. Geht man weiterhin davon aus, dass die Beschäftigen Haushalte von vier bis fünf Personen ernährten, so lebten bereits 25–30% der Bevölkerung von den Hauptindustriezweigen. Die Landwirtschaft ernährte noch immer die meisten Menschen. Doch die Industrie wuchs zunehmend schneller und wies den Weg in die Zukunft.

Der Steinkohlebergbau verzeichnete in der ersten Jahrhunderthälfte die größten Wachstumsraten. Der preußische Staat hatte nach 1815 aus dem französischen Domänenbesitz den größten Anteil der saarländischen Steinkohlevorkommen übernommen, daneben gab es bayerische Staatsgruben und die Privatgrube Hostenbach. In der nun folgenden Periode wurden wichtige technische Neuerungen eingeführt (Tiefbau, Dampfmaschineneinsatz, Schienen- und Pferdebeförderung), durch die Betriebsabläufe rationalisiert werden konnten. Als größter Abnehmer erwies sich die Eisenindustrie, die aufgrund der zunehmenden Holzknappheit Kohle und dann zunehmend Koks für den Produktionsprozess brauchte und mit steigender Nachfrage beschleunigtes Wachstum auslöste. Als besonders energischer Bergamtsdirektor erwies sich während seiner langen Amtszeit (1816–1857) Leopold Sello, der unter anderem Begünstigungspreise für Industriebetriebe durchsetzte. Als problematisch zeigte sich jedoch die Eigentumsstruktur. Das Berliner Finanzministerium sah im saarländischen Bergbau eine reine Einnahmequelle und investierte möglichst wenig. Die aus der napoleonischen Zeit vorliegenden Pläne zur Veräußerung der Gruben an Privatunternehmer hätten die Entwicklungschancen der Region deutlich verbessern können. Nach 1850 erwies sich der Staatsbetrieb zunehmend als Bremsklotz für die wirtschaftliche Entwicklung, während an der Ruhr privates Unternehmertum den Aufschwung vorantrieb.

Gegenüber dem Kohlebergbau war die Bedeutung der Eisenindustrie bis 1850 noch begrenzt. Sie bot zu diesem Zeitpunkt rund 1350 Arbeitsplätze. Für die Familie Stumm amortisierten sich die in der französischen Zeit getätigten Investitionen glänzend. Nach ihrem Einstieg in die Aktiengesellschaft der Dillinger Hütte kontrollierte sie den größten Teil der saarländischen Eisenindustrie. Der Absatzmarkt lag überwiegend in Süddeutschland, da sich die französische Zollgrenze für beide Seiten als Hemmschuh erwies. Eine Vorreiterrolle nahm die Saar-Eisenindustrie bei der Koksverhüttung im westdeutschen Vergleich ein, darüber hinaus brachte die Konzentration auf die Stahlproduktion einen entschiedenen Wettbewerbsvorteil für die zweite Jahrhunderthälfte. Wie im Bergbau kam es auch in dieser Branche immer stärker zum Einsatz von Maschinen und zu rationelleren Arbeitsabläufen sowie zu neuen Herstellungsverfahren, etwa durch das Puddeln bei der Produktion von Roheisen. Während kleinere, traditionelle Werke abwirtschafteten, standen die neuen, modernen Werke in Neunkirchen, St. Ingbert, Dillingen und Geislautern für den Take-Off bereit.

Bedingt durch die Grenzziehung von 1815 lag die überwiegende Mehrzahl der Glashütten in der preußischen Rheinprovinz, da sie für den Produktionsprozess ebenfalls auf ausreichend Brennstoffe angewiesen war. Auch dieses Gewerbe verzeichnete ein kräftiges Wachstum, was vor allem die erhöhte überregionale Nachfrage erklärt. Ähnlich wie bei der Stahlproduktion führte das Glashüttengewerbe technisch im deutschlandweiten Vergleich – noch größere Erfolge verbuchte die saarländische Keramikindustrie. Die beiden großen Firmen Utzschneider & Co sowie Villeroy & Boch konzentrierten das regionale Geschäft in ihren drei großen Unternehmen (Saargemünd, Mettlach und Wallerfangen), die ab 1850 miteinander verflochten waren, u.a. durch netzwerkbildende Heiratsbeziehungen. Zu diesem Zeitpunkt beschäftigten sie mehr Arbeiter als die Eisenindustrie, verkauften hochwertige Produkte nach Frankreich und in den Deutschen Bund und bauten geschickt Standorte im benachbarten Ausland auf. Zur Jahrhundertmitte war die saarländische Keramikindustrie die modernste und leistungsfähigste in Europa. Hier war der Standortfaktor Kohle ebenfalls eine wesentliche Voraussetzung für die Erfolgsgeschichte. Über die Fortschritte im Kohlebergbau und der großen saarländischen Industriebetriebe darf man aber nicht die zahllosen weiteren Betriebe vergessen, die ebenfalls Hunderten Arbeitern Lohn und Brot boten. Verwiesen sei lediglich auf das florierende Brauereiwesen oder auf die Firma Adt, deren ästhetisch reizvolle Kartonagen den Weltmarkt erobern sollten.

Alles in allem durchliefen die saarländischen Gebiete seit der Jahrhundertmitte eine außerordentliche wirtschaftliche Entwicklung. Fußend auf dem traditionellen Montankern des Saarkohlewaldes, drängte sie in mehreren Schüben, vor allem aber seit den 1850er und 1880er Jahren, voran, und diese Schübe wurden immer stärker. Als wesentlicher weiterer Faktor kam nun der rasante Eisenbahnausbau hinzu. 1852 entstand eine erste preußische Teilstrecke. Sie führte unmittelbar durch das Kohlerevier von Neunkirchen, das Sulzbachtal und verband die schon 1849 fertiggestellte bayerische Pfalzbahn Bexbach-Ludwigshafen mit der 1851 in Forbach endenden französischen Ostbahn. Es folgten 1858/60 die Saarbrücken-Trier-Luxemburger Bahn, 1860 die Nahebahn Neunkirchen-Bingerbrück und 1870 die Linie Saarbrücken-Saargemünd mit Anschluss nach Straßburg. 1866/67 wurde auch der Raum um St. Ingbert in Homburg an die bayerische Pfalzbahn angeschlossen. Alle preußischen Strecken wurden von der staatlichen Saarbrücker Eisenbahndirektion betrieben.

Ein politisches Ereignis ersten Ranges sollte 1870/71 dem Industriestandort Saarland bis dahin ungeahnte Expansionsmöglichkeiten bieten: der Deutsch-Französische Krieg und die auf ihn folgende Annexion großer Teile Lothringens. Das Saarland wurde aufgrund seiner Grenzlage sofort in die kriegerischen Handlungen involviert. Hier waren vor allem der Kriegsbeginn und das sogenannte Spichern-Erlebnis von einschneidender Bedeutung. Während die Franzosen Ende Juli ihre Grenzstellungen unweit von Saarbrücken sicherten, zogen sich die preußischen Regimenter zunächst zurück. Die Grenzregion war damit dem Feind schutzlos ausgeliefert. So konnten die französischen Truppen Saarbrücken ohne Kampfhandlungen besetzen. Schon bald trafen immer mehr deutsche Truppen im Saarrevier ein, woraufhin sich die Franzosen auf die nahe gelegenen Hügelketten zurückzogen. Ohne Befehl des Generalstabs eröffneten deutsche Regimenter am 6. August das Feuer auf die feindlichen Stellungen und nahmen noch am selben Tag die Spicherer Höhen ein. Aus militärtaktischer Sicht war die Aktion eher unbedeutend, aber sie kostete Hunderte Menschen das Leben. In das kollektive Gedächtnis der Saarländer ging die selbstmörderische Schlacht als tapfer errungener Sieg für den neuen Nationalstaat ein und wurde während des Kaiserreichs entsprechend kultiviert: mit Denkmälern, Festzügen, Gedenkfeiern an den Gräbern für die Heroen im Ehrental, Anton von Werners Schlachtengemälde im Saarbrücker Rathaus, Abbildungen auf Bierseideln etc. Für die Saarländer reduzierte sich der Deutsch-Französische Krieg in der Erinnerung auf die Schlacht von Spichern. Sie avancierte zum entscheidenden saarländischen Beitrag für das Vaterland auf seinem siegreichen Weg hin zum mächtigen Kaiserstaat.

Napoleon III. (1808–1873) musste am 2. September 1870 bei Sedan kapitulieren. Aber die nun ausgerufene Dritte Republik kämpfte verzweifelt, da sie die Bedingungen für einen Frieden, die Abtretung Elsass-Lothringens, nicht akzeptieren und somit von vorneherein politisches Ansehen verspielen wollte. Doch Paris wurde eingekesselt, und am 18. Januar 1871 – noch vor dem Waffenstillstand – das Deutsche Reich im Spiegelsaal von Versailles feierlich proklamiert. Im Friedensvertrag musste die junge Republik dann doch die Abtretung Elsass-Lothringens an Deutschland akzeptieren. Für das Saarland und allen voran für seine boomende Industrie, die nun weiter nach Westen expandierte, war diese Gebietserweiterung äußerst wertvoll.

Im Deutschen Reich

Mit der Gründung des Kaiserreichs änderten sich die Bedingungen für politische Partizipation grundlegend. Die deutschen Länder schickten ihre Vertreter in den Bundesrat, das Volk wählte seine Vertreter in den Berliner Reichstag, nach allgemeinem, freiem und gleichem Wahlrecht. Die Abgeordneten wurden in Einerwahlkreisen mit absoluter Mehrheit gewählt. Dass die 1871 eingerichteten Wahlkreise später nicht mehr verändert wurden, führte vor allem in den Arbeitersiedlungen mit ihrem enormen Bevölkerungszuwachs zu eklatanten Verzerrungen. In den einzelnen Ländern, in denen ebenfalls Parlamente zu wählen waren, galten andere Bestimmungen, so herrschte in Preußen bis zum Ende des Ersten Weltkriegs das Dreiklassenwahlrecht, das Reiche weit überproportional begünstigte.

Nach 1870 dominierte im Saarland weiterhin eine protestantische Elite das politische Feld, die sich aus Unternehmern, Kaufleuten und leitenden preußischen Beamten zusammensetzte. Bis 1909 waren in St. Johann, Saarbrücken und Malstatt-Burbach alle bis auf einen Bürgermeister evangelisch. Diese protestantischen Bürger bildeten dichte Netzwerke und kontrollierten Stadtverordnetenversammlungen und die Handelskammer in Saarbrücken, sie trafen sich abends in den Honoratiorenklubs der Städte. Ihre politische Heimat fanden sie bei den Nationalliberalen. Einer ihrer energischsten und profiliertesten Vertreter war der Hüttenbesitzer Freiherr Carl Ferdinand von Stumm-Halberg. Jahrzehntelang vertrat er seinen Wahlkreis St. Wendel-Ottweiler sowohl im Reichstag als auch im Preußischen Abgeordnetenhaus, bestimmte Kandidatenbenennungen, beeinflusste Wahlabsprachen und dominierte Wählerversammlungen. Mit Reichskanzler Bismarck (1815–1898) teilten er und andere Nationalliberale die Auffassung, dass der politische Katholizismus und die Sozialdemokratie zu den Reichsfeinden zu zählen seien. Doch diese beiden Kräfte opponierten gegen sein patriarchalisches Herrschaftssystem, das spätestens im ausgehenden 19. Jahrhundert zunehmend in Misskredit geriet.

Der Konflikt mit dem katholischen Milieu mündete nach der Reichsgründung in den sogenannten Kulturkampf. Der politische Katholizismus war erstarkt und wählte mit dem Zentrum seine eigene Partei in den Berliner Reichstag. Eng mit dem Zentrum zusammen arbeiteten Vertreter nationaler, elsass-lothringischer und polnischer Minderheiten; auch sie waren katholisch. Die von Bismarck herbeigeführte kleindeutsche Nationalstaatsgründung hatte das katholische Österreich von den deutschen Ländern abgespalten. Das von ihm geschaffene Deutsche Reich war zu zwei Dritteln protestantisch. Bismarck argwöhnte, dass sich die Katholiken *ultra-montan* (über die Alpen) orientieren, also eher nach Rom zum Papst statt nach Berlin blicken könnten. Die mit ihm regierenden Nationalliberalen befürchteten zudem den Einfluss der katholischen Kirche auf die Erziehung und Ausbildung der Heranwachsenden.

Zu Beginn der 1870er Jahre wurde für die preußischen Provinzen eine Reihe von Gesetzen erlassen, durch welche die Kirchen aus öffentlichen Angelegenheiten verdrängt und politisch diszipliniert werden sollten. Kleriker, die diesen Gesetzen zuwiderhandelten, wurden mit Amtsenthebung und Geldstrafen belegt. In Trier leisteten Bischof Matthias Eberhard und die ihm untergebenen Kleriker mehrheitlich konsequent passiven Widerstand. 1873 weigerte sich Eberhard, die ihm aufgrund von Zuwiderhandlungen gegen die Kulturkampfgesetze auferlegte Summe von beachtlichen 10 400 Talern zu begleichen und verbüßte deshalb eine Gefängnisstrafe. Das Trierer Priesterseminar wurde geschlossen. Von den über 800 Priestern der Diözese Trier nahmen rund 250 Geldstrafen in Kauf, circa 100 verbüßten Haftstrafen. 1875/76 waren von 751 Seelsorgerstellen 251 nicht besetzt. 212 Priester der Diözese waren in Nachbarstaaten ausgewichen.

Eine Reihe von Protestversammlungen im Herbst 1873 gegen diese Kampfgesetze in Dillingen, Saarlouis, Neunkirchen fungierten zugleich als Parteikundgebungen des Zentrums. Zudem war das katholische Milieu mit seinen zahlreichen Vereinen gut organisiert und verfügte über eine solide Infrastruktur. Alle «erfreuten» sich natürlich nach Ausbruch des Kulturkampfes einer strengen polizeilichen Überwachung, besonders die Borromäus- und Gesellenvereine.

Während des Kulturkampfes selbst kam es 1873/74 zu Volksaufläufen und Tätlichkeiten anlässlich der Verhaftung von Geistlichen in Spiesen, Dillingen, Namborn und St. Wendel. Für die 1873 in Burbach erbaute St. Eligius-Kirche ernannte der Bischof keinen Pfarrer, da dieser – wie alle anderen neu Ordinierten – von der preußischen Regierung bestätigt werden musste. Auch hier eskalierte der Streit mit Widerstandsaktionen, Geld- und Haftstrafen. Die Landräte der katholisch dominierten Kreise Ottweiler, Graf von Helldorf, und Merzig, Rudolf de Lasalle von Louisenthal zu Dagstuhl, setzten die Kulturkampfgesetze – wenn überhaupt – nur halbherzig durch, der Merziger nahm 1875 sogar seinen Abschied.

Eine besondere Dramatik erhielt der Kulturwettkampf an der Saar im Sommer 1876 durch die Marienerscheinung unweit von Marpingen, an der sich katholische wie liberale Gemüter in ganz Deutschland erhitzten. Marpingen war eine erzkatholische Gemeinde mit 1600 Einwohnern im nördlichen Saarland. Viele Männer verdienten ihren Lebensunterhalt während der Woche in der saarländischen Industrie. Anfang Juli gingen drei junge Mädchen Heidelbeeren im Wald sammeln. In der Hitze sahen sie auf einer Lichtung eine weiße Gestalt, von der sie aufgeregt berichteten. Diese erschien auch in den nächsten Tagen und wurde von den Erwachsenen als die Heilige Jungfrau gedeutet. Bald gab es Berichte von wundersamen Heilungen, und binnen einer Woche eilten Tausende von Pilgern nach Marpingen, das als deutsches Lourdes ausgerufen wurde. Die Amtskirche distanzierte sich von ihren wundergläubigen Anhängern und der preußische Staat reagierte mit überzogener Härte und heizte damit den Kulturkampf nur weiter an. Die achtjährigen Mädchen wurden in ein protestantisches Heim in Saarbrücken eingesperrt. In Marpingen wurden Truppen stationiert, als gelte es revolutionäre Ausschreitungen zu bekämpfen.

Bismarck und die Liberalen erreichten mit ihren Kulturkampfmaßnahmen das Gegenteil dessen, was sie erstrebt hatten. Die katholische Bevölkerung solidarisierte sich mit ihren Pfarrern und verehrte sie als Märtyrer. Das katholische Milieu wurde entschieden gestärkt. Obwohl das Zentrum allmählich vom «Reichsfeind» zur Koalitionspartei Bismarcks und seiner Nachfolger avancierte, hatten sich in der katholischen Bevölkerung auch des Saarlands nachhaltige Ressentiments gegenüber der preußischen Obrigkeit verfestigt.

Neben religiöser Sinnstiftung boten die konfessionellen Gemeinden in einem Jahrhundert, in dem sich Freizeit erst ganz allmählich und vor allem im städtischen Ambiente entwickelte, Geborgenheit und zumindest ein rudimentäres kulturelles Schaffen etwa im musikalischen Bereich. Das kulturelle Angebot blieb recht überschaubar. Die allgemeine Schulpflicht führte im Verlaufe des Jahrhunderts dazu, dass die Analphabetenrate auf vier Prozent sank, obwohl die Volksschulen chronisch unterfinanziert waren und Klassenstärken von bis zu 100 Schülern aufwiesen. Die Kinder lernten Rechnen, Lesen und Schreiben; großer Wert wurde auf religiöse Unterweisung, Patriotismus sowie den Erwerb der Sekundärtugenden Gehorsam und Fleiß gelegt. Nur ein sehr geringer Prozentsatz der heranwachsenden Jungen besuchte die Gymnasien in Saarbrücken, Saarlouis, St. Wendel, Neunkirchen (gegründet 1900) und Dillingen (1907), da die Familien ein hohes Schulgeld aufbringen mussten. Völlig ohne staatliche Zuschüsse mussten die «Höheren Mädchenschulen» auskommen, deren Schulgeld noch über dem der Gymnasien lag. Das Abitur konnten Mädchen in Saarbrücken erst in den 1920er Jahren ablegen.

Da die monarchischen Regierungen noch keine bemerkenswerten Summen in Kultur investierten, übernahmen interessierte Bürger und Adlige selbst die Initiative. Individuelles und kollektives Mäzenatentum gingen dabei Hand in Hand, wobei man vor allem mit Vereinen vielfältige Angebote im Kulturellen und Karitativen entwickelte. Zahlreiche Gesangs- und Musikvereine, aber auch die Militärkapellen der Garnisonen in Saarlouis und Saarbrücken unterhielten die Menschen mit Konzerten und

Musikfesten. Für niveauvolle Aufführungen von Symphonien stand lange der Saarbrücker Instrumentalverein, wobei ausgewiesene Dirigenten die Hobbymusiker anleiteten. In weiteren Vereinen versammelten sich die Bürger, um Sport zu treiben, zu tanzen oder Theater zu spielen. Diese Aufführungen von Dilettanten wurden durch das Angebot von Wandertruppen ergänzt, deren Repertoire sich aber meist auf Schwänke und Komödien beschränkte. Ein anspruchsvolleres Programm boten Mitglieder des Darmstädter Hoftheaters, die seit 1884 regelmäßig in Saarbrücken auftraten. 1897 eröffnete das ebenfalls privat finanzierte Thalia-Theater in Saarbrücken, das jedoch bald mit zunehmender Konkurrenz in Form von Varieté-Vorführungen und Kinos zu kämpfen hatte. Hinzu kamen große Zirkusveranstaltungen, wobei die 1906 gastierende Tournee von Buffalo Bill mit einem großen Aufgebot von Indianern und Pferden für Furore sorgte. Wem dies nicht genügte, der setzte sich am Wochenende in einen der sogenannten Theaterzüge und genoss Darbietungen in den benachbarten Städten.

Auch im Bereich der bildenden Kunst gab es wenig Impulse. Die nächsten Akademien für die Ausbildung des künstlerischen Nachwuchses gab es in Düsseldorf und Karlsruhe oder in Brüssel und Paris. Es fehlten Galerien und Museen, ebenso ein Kunstverein, der in vielen anderen Städten Kunstausstellungen organisierte. Die reichen Eliten beschränkten ihr Mäzenatentum auf den Ankauf von Kunst für ihre eigenen Villen, spendeten großzügig für die Ausschmückung öffentlicher Gebäude und die Errichtung von Kirchenbauten oder von patriotischen Denkmälern. Der bereits seit 1839 bestehende «Historisch-antiquarische Verein» baute eine wertvolle Sammlung mit Stücken der keltischen und römischen Provinzialarchäologie auf. Als man 1903 ein «Saarmuseum» plante, fiel der weitgehende Mangel einheimischer Künstler und Motive auf, und so beschränkte sich die Ausstellung auf regionale Gewerbe- und Technikprodukte. Für die Sammlungen des Historischen Vereins bot dieses 1908 eröffnete Haus keinen Platz.

1909 kam es nach langwierigen Verhandlungen zum Zusammenschluss der Städte Malstatt-Burbach, St. Johann und «Alt»-

Saarbrücken zur Großstadt Saarbrücken. Anforderungen an eine moderne Metropole im Bereich der Energieversorgung und Infrastruktur hatten die lange widerstrebenden Stadträte der drei Gemeinden endlich zum Konsens geführt. Mit Abstand den heftigsten Bevölkerungszuwachs konnte die Hüttenstadt Malstatt-Burbach verzeichnen, die wie andere Industriestädte ein äußerst stürmisches Wachstum durchlief. In Dörfern wie Dillingen oder Neunkirchen stieg die Einwohnerzahl von wenigen Hunderten zu Beginn des Jahrhunderts in den fünfstelligen Bereich. Nach 1900 zählte Dillingen rund 10 000, Neunkirchen 35 000 und Malstatt-Burbach mehr als 38 000 Bewohner. Alles in allem lebten nach der Jahrhundertwende 700 000 Menschen im Saarland.

Hatten sich die Industrien der Saarregion in der ersten Hälfte des 19. Jahrhunderts für den Take-Off profiliert, so entwickelte sich das Montanrevier nach 1850 zu einem der führenden Industriestandorte neben dem Ruhrgebiet und Oberschlesien. Die Saar erreichte Marktquoten von bis zu 20% der deutschen Steinkohle- und Stahlproduktion. Die Jahre 1850–1874 bezeichnet man dabei als die eigentliche saarländische Industrialisierungsphase, da in diesem Zeitraum das Produktions- und Beschäftigungswachstum erheblich höher ausfiel als in den vorangehenden und folgenden Jahrzehnten.

Bis zum Ende des Gründerbooms in den 1870er Jahren behauptete sich das Saarrevier als deutsche Führungsregion, wobei nach wie vor die Steinkohle den wichtigsten Standortvorteil ausmachte: Ohne Kohle hätte es kein Saarland bzw. keine Saarregion gegeben. Von 1870 bis 1914 wuchs der preußische Bergbau kontinuierlich aufgrund des steigenden Absatzes von Kohle und seiner Marktführerschaft im Südwesten des Deutschen Reiches. Alle wichtigen Branchen basierten auf Kohle und Koks oder waren durch das Wachstum dieser Branche entstanden. Weiterhin prägte der Kohlebergbau die Entwicklung des Arbeitsmarktes. Arbeiteten 1850 rund 10 000 Beschäftigte im Steinkohlebergbau, so stieg die Zahl für die gesamte Region, einschließlich der angrenzenden lothringischen Gruben, auf fast 80 000 an, wovon wiederum mehr als 50 000 in den preußischen

Staatsgruben arbeiteten. Insgesamt wuchs in den nächsten Jahrzehnten jedoch die Produktion im Bergbau langsamer als die Zahl der Beschäftigten. Behindert wurde die wirtschaftliche Entwicklung, abgesehen von der Konkurrenz der privatwirtschaftlich arbeitenden lothringischen Gruben, weiterhin durch die Eigentumsstruktur. Der preußische Fiskus setzte für die Saarkohle einen höheren Preis fest, sodass ihr Preisniveau deutlich über dem der Ruhrkohle lag. Zudem fiel 1863 der günstigere Einkaufspreis für die Saarindustrie weg, die leitenden Direktoren waren weisungsgebunden und mussten sich mit unflexiblen Behörden auseinandersetzen.

Bis zum ausgehenden 19. Jahrhundert war die Region kaum mit anderen Regionen verflochten, was vor allem auf den staatlichen Unternehmensbesitz im Kohlebergbau und die großen Familienunternehmen nicht nur in der Eisenindustrie zurückzuführen ist. Lange bildete das lokal agierende Unternehmertum einen weiteren wesentlichen Standortvorteil. Es verfügte über ausreichend Privatkapital, sehr gute Handelsverbindungen, investierte bereitwillig in seine Betriebe, stattete die Produktionsanlagen sehr gut aus und prägte so die saarländische Industrielandschaft. Unternehmerische Vernetzungen entstanden durch die Beteiligung von Kapitaleignern aus dem familiären oder persönlichen Umfeld. Häufige Absprachen, Kartelle und Verkaufsgemeinschaften steigerten die Gewinne. Ab 1900 brachen jedoch diese traditionellen Markt- und Eigentumsstrukturen auf, und die Region wurde in die immer stärker werdenden Vernetzungen westdeutscher und westeuropäischer Montanreviere einbezogen.

Den größten wirtschaftlichen Erfolg erzielten unangefochten die Besitzer der großen Hüttenwerke. Als herausragende Unternehmerpersönlichkeiten prägten Freiherr Carl Ferdinand von Stumm-Halberg und Carl Röchling die saarländische Industrielandschaft in der zweiten Jahrhunderthälfte. Der Freiherr leitete von 1858 bis zu seinem Tod 1901 den Stumm-Konzern in Neunkirchen und Halberg. 1888 wurde er für seine Leistungen vom preußischen König in den erblichen Adelsstand erhoben. Im Reichstag und im preußischen Abgeordnetenhaus engagierte er sich vehement für die Belange seiner Industrieregion, so wurden etwa die Eisenschutzzölle nicht zuletzt durch seinen politischen Einsatz wieder eingeführt. Seine Ansprüche und seine patriarchalische Unternehmensleitung führten zu Bezeichnungen wie «Königreich Stumm» oder «Saararabien». Als seinen größten Konkurrenten bekämpfte er Carl Röchling, der von 1855 bis 1910 das gleichnamige Familienunternehmen leitete. Seine Völklinger Hütte zählte zu den bedeutendsten Firmen der Branche. Die Dillinger Hütte, die ebenfalls von der Familie Stumm dominiert wurde, verdankte ihre Expansion der Rüstungsproduktion. Nach Krupp in Essen stieg sie zum zweitgrößten Lieferanten für die kaiserliche Marine auf. Allgemein boomte die saarländische Eisenindustrie vor allem ab den 1890er Jahren und gehörte aufgrund zahlreicher Technikinnovationen zur Branchenspitze im Reich. Der eigentliche Techniktransfer lief über die westlichen Nachbarstaaten, wobei die Nähe zu Frankreich und Belgien einen großen Vorteil für die Saarregion darstellte. Während die Glasindustrie im letzten Drittel des Jahrhunderts auf das Gebiet um Friedrichsthal-St. Ingbert schrumpfte, um konkurrenzfähig zu bleiben, entwickelten sich die expandierenden Metallverarbeitungs- und Maschinenbaubetriebe zu einem führenden Industriefaktor. Überwog in der Saarindustrie ansonsten der Export, so richteten sich viele Betriebe dieses Sektors mit ihrer Produktion auf die Montanindustrie in der Saarregion aus.

Als weiterer wichtiger Standortfaktor erwies sich die qualifizierte Stammarbeiterschaft, deren Leistungsniveau vergleichsweise hoch war. Staatliche wie private Unternehmen verzichteten weitgehend auf die Anwerbung von Fernwanderern. Erst nach 1900 begann man italienische Arbeiter einzustellen, wobei ihr Anteil in den Betrieben nie mehr als 10% betrug. Die Berg- und Hüttenarbeiter kamen aus der näheren Umgebung, viele aus dem armen nördlichen Saarland, wobei die Unterbringung der zuwandernden Arbeiter und ihrer Familien sich als problematisch erwies. So sah sich die Bergbehörde sehr früh zu umfangreichen Sozialmaßnahmen veranlasst. Leopold Sello, der langjährige Leiter des Bergamtes, veranlasste schon 1842 eine weitblickende Wohnbaupolitik, mit dem Ziel, die Arbeiter vor

Ort sesshaft zu machen. Günstige Darlehen und Hausbauprämien wurden gewährt und staatliches Gelände für neue Siedlungen erschlossen. Weiterhin finanzierte und unterstützte der Staat Bergmannslazarette, berufsbildende Schulen, Konsum- und Sparvereine, Schlafhäuser für Wochen- und Monatspendler sowie das Knappschaftswesen. Diese Maßnahmen führten jedoch nicht dazu, dass jede Arbeiterfamilie Hausbesitzer wurde, wie es das legendäre Bild vom saarländischen Arbeiterbauern suggeriert. Demgemäß besaß er ein kleines Haus mit Garten für die Selbstversorgung sowie einer im Keller gehaltenen «Bergmannskuh»: eine Ziege. Für die pendelnden Arbeiter mag dieses Bild zutreffen, die mit ihren in der Heimat verbliebenen Familien weiterhin den geerbten kleinbäuerlichen Besitz im Heimatdorf als Nebenerwerb kultivierten. In den Ballungsräumen der Städte besaßen aber nur 6% der Arbeiter ein Eigenheim. Bis 1913 lebten lediglich 15% der Angestellten in einem von der Bergwerksdirektion geförderten Haus.

Andere saarländische Industrieunternehmen, in erster Linie die traditionell in der Region verankerten wie Stumm und Villeroy & Boch, boten vergleichbare soziale Einrichtungen und Fördermaßnahmen. So lag die Quote für Eigenheimbesitz bei den Arbeitern der Neunkircher Hütte bei 39%. Der verschärfte Wettbewerb um Arbeitskräfte führte im Vergleich zu anderen Wirtschaftsregionen zu höheren Löhnen sowie überdurchschnittlichen und frühen Sozialleistungen. Sowohl der staatliche Bergbau als auch die Privatindustrie versuchten in erster Linie aus ökonomischen Gründen, gut ausgebildete und verlässliche Stammarbeiter an den Betrieb zu binden, und nur wenige Unternehmer betrieben diese Politik der Sozialfürsorge, um die Arbeiterbewegung zu lähmen. Hierzu griff man zu viel einschneidenderen Maßnahmen.

Obwohl das Saarland eine geradezu stürmische Industrialisierung durchlief, entwickelten sich Arbeiterparteien und Gewerkschaften vergleichsweise spät. Erste Streiks wurden in den Gruben und in der Metallbranche zu Beginn der 1870er Jahre organisiert. Planmäßige Versuche der Arbeiter, sich zu organisieren, endeten im Fiasko. Als sie sich 1876 von St. Johann über

Burbach, Merzig bis nach Ottweiler und Otzenhausen versammelten, wurden die Agitatoren sofort verhaftet und abgeschoben. Alarmiert reagierten der preußische Staat und die Unternehmer mit harten Restriktionen. Bereits ein Jahr bevor Bismarck 1878 dem Reichstag das Sozialistengesetz vorlegte, gründete die Bergwerksdirektion gemeinsam mit 36 führenden Unternehmern das Komitee der Arbeitgeber zur Bekämpfung der Sozialdemokratie. Als sich der Staat zu Beginn der 1880er Jahre aus dem Komitee zurückzog, übernahm Carl Ferdinand von Stumm-Halberg den Vorsitz. Vereinbart wurde, sämtliche Beschäftigte zu entlassen, die sich für die Interessen der Arbeiterschaft einsetzten.

Obwohl erste Betriebe bereits zu Beginn der 1880er Jahre wieder aus dem Komitee austraten, blieb das sogenannte «Sozialistengesetz» an der Saar stillschweigend länger in Kraft als im Reich. Die Arbeitgeber durften die Maßnahme als Erfolg werten. Zwar konnte die Entwicklung der Sozialdemokratie nicht völlig verhindert werden, doch wurde sie erheblich verzögert. Erst in den 1890er Jahren gelang ihr allmählich der Parteiaufbau. Zu dieser vergleichsweise besonderen Entwicklung hat auch der spezifische Charakter der saarländischen Industrielandschaft beigetragen. Die überwiegende Zahl der Bergleute arbeitete in kleinen Kameradschaften von meist acht bis zehn Männern, die sich gut kannten, häufig verwandt waren. Sie arbeiteten in einer Schutz-, Erfahrungs- und Leistungsgesellschaft und waren unter Tage auf eine verlässliche Gruppensolidarität angewiesen. Sie blieben mental häufig dem ländlichen Umfeld, dem sie entstammten, verhaftet und erwiesen sich dadurch als resistenter gegenüber neuen politischen und gesellschaftlichen Vorstellungen. Mehrheitlich waren sie in das katholische Milieu mit seinen zahlreichen Bruderschaften und Vereinen eingebunden, die materielle Hilfeleistungen boten und emotionale Bindungen stärkten. Pfarrer sorgten für ein intensives Gemeindeleben und Seelsorge. Tauffeier, Kommunion, Konfirmation und Hochzeit spielten auch in der Arbeiterwelt eine große Rolle. Die Zahl der unehelichen Kinder lag deutlich unter der des Ruhrgebiets. So trug auch die Kirche dazu bei, die Entwicklung einer autonomen Arbeiterkultur zu verhindern. Zudem waren die Bergleute vielfach stolz auf die Sozialleistungen des Staates und geprägt von traditionellen Werten: Sie wollten ein ehrenvolles Leben führen mit wirtschaftlichem Auskommen, gesichertem Arbeitsplatz und sozialer Anerkennung im Dorf.

Erst gegen Ende des 19. Jahrhunderts vollzog sich ein Mentalitätswandel. Völlig unerwartet brach im Mai 1889, kurz nach Massenstreiks an der Ruhr und im oberschlesischen Revier, der erste Bergmannsstreik an der Saar aus und erzielte überraschende Erfolge. Es gelang den Arbeitern erstmals sich zu organisieren. Sie gründeten den «Rechtsschutzverein für die bergmännische Bevölkerung». Die Sozialdemokraten versuchten den Rechtsschutzverein für ihre Bewegung zu gewinnen. August Bebel und Wilhelm Liebknecht traten in Versammlungen auf. Als Gegengewicht wurden konfessionelle Arbeitervereine gegründet, die widerwillig von den Unternehmern geduldet wurden. Als der Rechtsschutzverein 1893 einen Massenstreik mit geschätzten 25 000 Teilnehmern organisierte, folgten Massenentlassungen und auf diese wiederum Massenaustritte aus dem Verein, der sich auflöste. Zu Beginn des Jahrhunderts gründeten Unternehmer betriebseigene Werksvereine. Wegen der vielen Vorteile, welche die Mitgliedschaft bot, traten ihnen rund 80% der Hütten- und Metallarbeiter bei. Der Durchbruch gelang den neuen Kräften allerdings erst aufgrund der veränderten Gesetzeslage 1916, die den Gewerkschaften die volle staatliche Anerkennung brachte, sowie durch die Revolution von 1918.

Festzuhalten bleibt, dass die Industrialisierung als bedeutendstes Phänomen das Saarland in seiner geschichtlichen Entwicklung prägte. Zu Beginn des 20. Jahrhunderts war ein schwerindustrielles Ballungsgebiet geschaffen: Es umfasste die mittlere Saar, den Raum Neunkirchen, St. Ingbert, Bous und Saarbrücken. In dieser Industriezone veränderten sich binnen weniger Jahrzehnte die Sozialstrukturen, das Landschaftsbild und die Umwelt. Nach dem Ersten Weltkrieg sollte das außergewöhnliche Industriepotenzial auch für das politische Schicksal im 20. Jahrhundert bestimmend werden.

5. Erster Weltkrieg, Saarstatut und Nationalsozialismus

Die Urkatastrophe des 20. Jahrhunderts – der Erste Weltkrieg

Historiker interpretieren den Ersten Weltkrieg als Urkatastrophe des 20. Jahrhunderts: Andere und größere Katastrophen sollten zwar noch folgen, doch diese hatten ihre Wurzeln im Ersten Weltkrieg. Schuld am Ausbruch des Kriegs hatten die großen Mächte, die bewusst auf diesen Krieg zusteuerten, motiviert durch imperialistische und chauvinistische Ziele. Prestigesüchtige Militärs wollten rasch ihre Offensivpläne umsetzen, und die Diplomatie versagte. Zwischen 1914 und 1918 bekämpften sich Armeen weltweit. Vor allem an der Westfront starben die meist jungen Soldaten in einem schrecklichen Stellungskrieg, mehr als sieben Millionen ließen ihr Leben allein auf den Schlachtfeldern Europas. Zu Beginn des Kriegs herrschte Siegesgewissheit. Als am Nachmittag des 1. August 1914 vor dem Geschäftslokal der Saarbrücker Zeitung ein Plakat den deutschen Kriegseintritt verkündete, brach Jubel aus. Doch dieses patriotische Augusterlebnis ist nicht zu generalisieren. Während Adlige und Bürgerliche, im Unterricht an Gymnasien mit den entsprechenden patriotischen Werten indoktriniert, meist glaubten, in einen heroischen Kampf zu ziehen, reagierten Arbeiter und Landwirte eher verhalten. Gerade auf das Leben der bäuerlichen Familien wirkte sich Militärdienst von Vätern und Söhnen massiv aus. Landmaschinen gab es kaum, und die zurückbleibenden Frauen mussten die schwere Feldarbeit übernehmen. Fiel in den Arbeiter- und Handwerkerfamilien der Ernährer aus, drohte ihnen Armut. Hofften die Menschen 1914, dass nach kurzem Waffengang das Deutsche Reich wie 1871 triumphieren würde, so mussten sie sich bald auf einen mehrjährigen industrialisierten Massenkrieg einstellen. Dem Traum vom Heldentod stand die brutale Wirklichkeit gegenüber. Mehr als 70 % der Soldaten an der Westfront starben einen anonymen Tod, zerrissen vom Artilleriefeuer.

Aufgrund der besonderen strategischen Lage wurden die Bewohner des Saarlands schnell von der Wirklichkeit des Kriegs eingeholt. Die Region diente als Nachschubbasis für die Westfront und besaß aufgrund des Montanreviers aus kriegswirtschaftlicher Perspektive einen besonderen Stellenwert. Gleich mit Kriegsbeginn wurde der Saarbrücker Bahnhof für den zivilen Verkehr und Güter gesperrt, was die Industrie empfindlich traf. Zudem wurden zahlreiche Arbeiter eingezogen. Sie wurden in der Montanindustrie durch Frauen, Kriegsgefangene und mehr oder wenig freiwillig angeworbene Hüttenarbeiter aus dem besetzten Belgien ersetzt. Alles in allem galt es, sich von Friedens- auf Kriegswirtschaft umzustellen. Es profitierten die Unternehmen, welche kriegswichtige Produkte herstellten. Nicht nur wirtschaftliche Probleme erschwerten den Alltag, auch ungewöhnliche Witterungsverhältnisse verschärften die Situation an Front und Heimatfront. Der Winter 1916/17 war der kälteste seit Menschengedenken; niedrige Temperaturen bestimmten das Wetter bis zum Mai. Die Saarländer froren und hungerten, da aufgrund der Kriegswirtschaft die üblichen Lebensmittellieferungen aus der Pfalz und Lothringen ausblieben. Sie wurden mit zunehmender Kriegsdauer und -last immer kritischer, was auch mit den gehäuften Fliegerangriffen im Grenzraum zusammenhing. Hatte auch der Luftkrieg im Ersten Weltkrieg bei Weitem nicht die Auswirkungen wie im Zweiten, so verunsicherte er die Menschen doch zutiefst. Völlig überrascht wurde die Saarbrücker Bevölkerung vom ersten Fliegerangriff am 9. August 1915, viele brachten sich nicht einmal in Sicherheit. 13 Menschen starben, erheblich höher lag die Zahl der Verletzten. Obwohl die Luftangriffe eigentlich auf die Industrieproduktion zielten, wurden immer wieder Zivilisten getötet. Psychisch zermürbend waren seit 1916 die vielen Nächte, die man in den Städten mit Rüstungsbetrieben in Luftschutzbunkern verbringen musste. Die Dillinger Hütte wurde bei Fliegerangriffen derart beschädigt, dass die Produktion längere Zeit beträchtlich zurückging. Gleichzeitig requirierte Röchling in den besetzten Gebieten Frankreichs im Auftrag der Regierung Maschinen und Fabrikanlagen für die deutsche Rüstungsproduktion.

Mandatsgebiet des Völkerbunds

Dem Deutschen Reich wurde bei den Friedensverhandlungen im symbolträchtigen Ort des Versailler Schlosses die alleinige Kriegsschuld zugewiesen. Der französische Ministerpräsident Georges Clemenceau beanspruchte die Annexion des Saarlands als Wiedergutmachung für die erlittenen Kriegsschäden, konnte sich aber mit seinen Forderungen nicht durchsetzen. Der amerikanische Präsident Harold Wilson bestand auf dem Selbstbestimmungsrecht der Saarländer, sodass eine Zwischenlösung vereinbart wurde: Ein neu zu schaffendes Saargebiet wurde für 15 Jahre einer internationalen Regierungskommission des Völkerbunds unterstellt. Nach Ablauf dieser Frist sollten die Saarländer abstimmen, ob sie den Status quo beibehalten, eine Angliederung an Frankreich oder eine Rückgliederung in das Deutsche Reich wünschten. Als Kompensation erhielt Frankreich die staatlichen Saargruben und wurde so Arbeitgeber von rund 70 000 Bergleuten. Das seit dem 10. Januar 1920 in Kraft getretene Saarstatut verfügte die Zusammenlegung der preußischen Kreise Saarbrücken, Saarlouis und Ottweiler, Teile der Kreise Merzig und St. Wendel mit den ehemaligen bayerischen Bezirken Homburg und Zweibrücken. Letztlich wurde mit den internationalen Friedensverhandlungen das moderne Saarland als eigenständige Gebietskörperschaft geschaffen. Dabei lagen der Grenzziehung rein ökonomische Argumente zu Grunde. Das Gebiet umfasste nicht nur die Montanindustrie und die Hüttenwerke, sondern auch die Wohngebiete der einpendelnden Arbeiter.

Die Regierung übernahm eine Kommission, die sich aus je einem Franzosen, einem Saarländer und drei Abgeordneten anderer Länder zusammensetzte. Die Unabhängigkeit dieses Gremiums bezweifelten die Saarländer. Der erste von Clemenceau ausgewählte Präsident, Staatsrat Victor Rault, war der deutschen Sprache nicht mächtig und setzte sich vehement für die französischen Belange ein. Neben ihm amtierten der belgische Major Jacques Lambert, der in Paris residierende Däne Graf Moltke-Huitfeldt, der Kanadier Richard Waugh sowie ein Saarländer, Alfred von Boch, der sein Amt jedoch noch im selben Jahr niederlegte. Seine Nachfolge trat der als frankophil geltende Arzt Jakob Hector aus Saarlouis an. Ein Landesparlament, das nur beratende Kompetenz hatte, wurde erst 1922 geschaffen. So blieben die Saarländer auf regionaler Ebene von politischer Mitbestimmung weitgehend ausgeschlossen. Die französischen Besatzungstruppen blieben unter der Bezeichnung «Bahnschutz» im Land und wurden durch englische Einheiten ergänzt. Hinzu kamen Hunderte ausländischer, meist französischer Funktionsträger, welche Regierungsämter und Spitzenpositionen in Verwaltung und Justiz übernahmen. Die 15 Jahre unter diesem Sonderstatus gestalteten sich schwierig, nicht nur aufgrund der wirtschaftlichen Krisen und der Herr-im-Haus-Mentalität der Franzosen. Auf Widerstand stießen z. B. die französischen Bergwerksschulen (Domanialschulen) und der fakultative französische Sprachunterricht an anderen Schulen sowohl bei der Lehrerschaft als auch bei der Bevölkerung. Man arrangierte sich, zweifelte aber die Legitimität der Völkerbundregierung an. Die stationierten Militärs wurden als Bedrohung empfunden. Zu einer gewissen Entspannung kam es in den sogenannten goldenen Zwanziger Jahren, die aber im Prinzip nur von 1926 bis 1930 währten. Auf internationaler Ebene führte die Verständigungspolitik Gustav Stresemanns und Aristide Briands zur Aufnahme Deutschlands in den Völkerbund, auf regionaler Ebene führte die Ablösung Raults durch den Kanadier Georg Steven Stephens 1926 und dessen Nachfolger, den Briten Sir Ernest Wilton, 1927 zu einer deutlichen Liberalisierung.

Für das Saarland brachen in wirtschaftlicher Hinsicht Jahre an, die einer Achterbahnfahrt gleichkamen. Es musste wie andere europäische Regionen die schwierige Umstellung von Kriegs- auf Friedenswirtschaft und die schwere Weltwirtschaftskrise in den Jahren 1929/30 verkraften, hinzu kamen Umstrukturierungen aufgrund neuer Eigentumsverhältnisse. Der Versailler Vertrag verfügte eine Mehrheitsbeteiligung französischer Kapitalgruppen an den Saarhütten, die partiell vollzogen wurde. Die Völklinger Hütte blieb im Besitz der Familie Röchling, die Burbacher Hütte besaß weiterhin ein belgisch-luxemburgisches Konsortium. Hingegen erreichten französische Eigner bei den Werken in Neunkirchen und auf dem Halberg, die bisher den Stumms gehörten, sowie in Dillingen, wo die Familie bisher 58% der Aktien hielt, die angestrebten 60% Besitzanteile. Weiterhin galt es, neue Absatzmärkte zu gewinnen. Zwischen 1920 und 1925 erhielt das Saargebiet zunächst den Sonderstatus einer Freihandelszone. Auf saarländische Kohle und Eisenerzeugnisse, die nach Deutschland exportiert, und deutsche Produkte, die importiert wurden, erhob man noch keinen Zoll. Danach erfolgte der Anschluss an das französische System, womit eine Zollschranke gegenüber deutschen Einfuhren errichtet wurde. Weitere Turbulenzen ergaben sich aufgrund des Währungsdualismus von Mark und Franc. Er konnte die Rohstoffimporte verteuern und führte vice versa zu fallenden Verkaufspreisen seit der Einführung des Francs 1923.

Zu Beginn der Völkerbundszeit profitierten die Bergleute kurzfristig von ihrem neuen Arbeitgeber, da sie in Francs bezahlt wurden und nicht mit der inflationierenden Mark. Im Februar 1923 eskalierten jedoch die ergebnislosen Lohnverhandlungen im Hundert-Tage-Streik der Bergarbeiter. Da gleichzeitig der Ruhrkampf tobte, betrachteten die Franzosen den Streik als politisches Kampfmittel und unterbrachen die Produktion. Arbeiter wurden entlassen. Zu Beginn des Monats Juni musste die Dillinger Hütte ihre Produktion einstellen und entließ einen Teil der Belegschaft. Insgesamt sank die Produktion auf ein Drittel der sonst üblichen Quote. Am 15. Mai endete der Streik, da die deutsche Regierung die heimlichen Zahlungen an die Saar-Gewerkschaften nicht weiter finanzieren konnte. Alles in allem mussten die Berg- und Hüttenarbeiter in mehreren Stufen Lohnabsenkungen um fast 30% hinnehmen. Weiterhin erwies sich für die Hütten – wie in preußischer Zeit – das Monopol des Saarbergbaus als problematisch. Aufgrund des Zwangs, Saarkoks zu nutzen, der nicht für den Einsatz im Siemens-Martinstahl-Verfahren geeignet war, gerieten sie in einen Wettbewerbsnachteil gegenüber dem Ruhrrevier. Es konnte kein schwedisches Erz verarbeitet werden, und die Hochofengröße blieb deutlich geringer als bei der Konkurrenz. Mit Saarkoks und Minette-Erz erreichten die Öfen eine Leistungsfähigkeit von 150 bis 350 Tonnen, an Rhein und Ruhr brachten sie bis zu 800 Tonnen. So benötigte man deutlich mehr Arbeitskräfte im Roheisenbereich. Um ihre Marktchancen zu sichern, traten die Saarhütten 1926 in ein belgisch-luxemburgisch-französisch-deutsches Quotenkartell ein.

Das Saarland traf die Weltwirtschaftskrise etwas später als Deutschland, aber 1930/31 begann auch hier die Talfahrt. Aufgrund seiner wirtschaftlichen Angliederung an Frankreich und seiner ökonomischen Beziehungen zum Deutschen Reich nahm es zunächst eine konjunkturelle Mittellage zwischen beiden Ländern ein. Nach dem Tiefpunkt der deutschen Krise orientierte es sich aber eher nach Osten hin. So erlebte die Region anders als Frankreich einen früheren Aufschwung, vermochte die Vorteile beider Wirtschaftsgebiete zu nutzen und die Nachteile abzuschwächen. Dennoch stieg wie in den Nachbarländern die Zahl der Arbeits- und Obdachlosen extrem an. Rationalisierungen während der Krisenjahre trafen vor allem die Hüttenarbeiter hart. Die Zahl der Beschäftigten sank von 37 000 im Jahr 1929 auf 28 000 im Jahr 1934. Der Bürgermeister von Brebach meldete etwa, dass die Hälfte der Familien verarmt sei und die Gemeinde nicht mehr für die Sozialhilfe aufkommen könne. Seit 1931 sanken die Löhne weiter. Trotz aller Schwierigkeiten und ökonomischen Turbulenzen bleibt festzuhalten, dass sich die regionale Wirtschaft während der Völkerbundzeit weitgehend behauptete: Eisenverarbeitende Industrie und Bergbau blieben die wichtigsten Wirtschaftszweige, die Großstadt Saarbrücken etablierte sich als Gewerbe- und Einzelhandelsstadt mit ihrem Bahnhof als wichtigem Verkehrsknotenpunkt. Aufgrund der weiterhin steigenden Bevölkerungszahlen erlebten Baufirmen einen Boom.

Eine Blütezeit beflügelte in den Jahren 1922–1932 das kulturelle Leben. Zeigte es in den Städten während der Kaiserzeit weitgehend bürgerlich-elitäre Züge, so stand nach der Novemberrevolution und den nachfolgenden Demokratisierungsprozessen die kulturelle Förderung der breiten Masse im Vordergrund. Die 1922 in Saarbrücken gegründete «Gemeinnützige Theater- und Musikgesellschaft» bot unter den Intendanten Martin und Felber hochkarätige moderne Inszenierungen. Generös unterstützt von der Stadt und ihrem Bürgermeister Neikes, flossen zudem erhebliche Mittel aus Berlin, um das «deutsche Kulturtheater» zu unterstützen. Neben expressionistischen und naturalistischen Dramen inszenierte man bevorzugt Goethe und Schiller zwecks Festigung der nationalen Gesinnung. Finanzielle Unterstützungsangebote seitens der Regierungskommission wurden zurückgewiesen.

Auch die Museumslandschaft erfuhr neue Impulse. Das seit 1908 bestehende Saarmuseum mit seiner elitären Industrieleistungsschau war nicht mehr für den Besucherverkehr geöffnet, seine Sammlungen wurden stattdessen im neuen Heimatmuseum integriert. Dieses 1925 in Saarbrücken etablierte Haus verfolgte dezidiert völkisch-nationale Ideen mit einer überregional anerkannten volkskundlichen Abteilung. Dabei beschränkte sich die Ausstellung keineswegs auf das Saargebiet, sondern demonstrierte ostentativ dessen kulturelle Verbundenheit mit dem Rheinland, der Pfalz und Lothringen. Die Völkerbundsregierung antwortete 1929 auf diese Initiative mit einem beeindruckenden Konkurrenzangebot: der Gründung des Saarlandmuseums. Dieses Institut umfasste zwei Abteilungen. In den Altertumssammlungen bot es archäologisches Material aus der Vor- und Frühgeschichte sowie der Römischen Epoche. Internationale Reputation erwarb es sich jedoch vor allem mit der modernen Kunstausstellung. Hier war versammelt, was Rang und Namen hatte: u.a. Nolde, Dix, Munch, Picasso, Matisse, Modigliani. Gleichzeitig förderte das Museum zeitgenössische saarländische Künstler, die sich seit 1922 im Saarländischen Künstlerbund organisiert hatten.

Ganz klar auf die Bildung breiterer Bevölkerungskreise waren die vorbildhaften Einrichtungen der Saarbrücker Stadtbibliothek und Volkshochschule ausgerichtet. Die 1925 eröffnete Bücherei unterhielt Nebenstellen in Burbach (1926) und Malstatt (1931), um in diesen Stadtteilen die Arbeiter zu erreichen. Auch kleinere Städte wie St. Ingbert (1927) eröffneten Stadtbüchereien. Als wegweisend erwies sich der Volksbüchereiversand des Saargebietes, der kleinere Gemeinden mit einem Bücherbus versorgte. Konzentrierten sich viele kulturelle Angebote naturgemäß auf das städtische Zentrum im Saarland, so erreichte die Moderne das Umland nicht nur mit dem Bücherbus. Auch in kleineren Städten entstanden neben den Wirtschaften Cafés und Kinos, sogar die Dörfer wurden mit Wanderkinos versorgt. Die Verbreitung von Fahrrädern, Automobilen, Grammophonen und schließlich des Telefons konzentrierte sich natürlich im städtischen Raum, sie gehörte aber auch zunehmend zum dörflichen Alltag. Im Freizeitbereich erfreute sich das Vereinswesen weiterhin einer außerordentlichen Konjunktur, wobei nun die kulturellen Assoziationen in ihrer Bedeutung von den vielen hunderten saarländischen Sportvereinen übertrumpft wurden. Der Fußball eroberte allmählich seine herausragende Position und verwies die Turnvereine auf den zweiten Rang.

Wurden schon kulturelle Einrichtungen und Veranstaltungen zur Demonstration prodeutscher oder profranzösischer Haltungen genutzt, so galt dies erst recht für öffentliche Feiern. Kein Fest blieb ungenutzt – sei es Erntedank, Kirchweih oder Vereinsjubiläen –, um schwarz-weiß-rot dekoriert nationales Gedankengut zu propagieren. Den fulminanten Höhepunkt bildete die rheinische Jahrtausendfeier am 1. Mai 1925, die das politische Klima ähnlich stark vergiftete wie der hunderttägige Bergarbeiterstreik. Erinnert wurde mit dieser Feier daran, dass das fränkische Zwischenreich Lotharingia 925 seine Unabhängigkeit verlor, deutsch und nicht französisch wurde. Mit dem Hinweis auf diese tausendjährige Tradition prangerte man indirekt die politische «Willkür» der Siegermächte an. Geboten wurden in bester kaiserzeitlicher Tradition Platzkonzerte, Massenchöre, ein historischer Festzug mit Germaniafiguren, illuminierte Schiffe auf der Saar und ein Fackelzug durch die Straßen Saarbrückens, an dem sich mindestens 30 000 Menschen beteiligten. Kleinere Städte wie Saarlouis inszenierten ihre eigenen Feierlichkeiten.

Was hier noch kulturell verbrämt daher kam, entwickelte sich zur offenen Schlacht in den Jahren 1933–1935, die beherrscht waren von der Abstimmungsfrage. Zwei Lager standen sich unversöhnlich gegenüber: auf der einen Seite die Konservativen und Liberalen, unterwandert von Nationalsozialisten, auf der anderen die Kommunisten und Sozialdemokraten. Die bis zum Ende des Kaiserreichs behinderte Arbeiterbewegung hatte nach Kriegsende einen Aufschwung erfahren. Im Herbst des Jahres 1918 bildeten sich in Saarbrücken und benachbarten Kommunen Arbeiter- und Soldatenräte. Der am 9. November 1918 in Saarbrücken gegründete Rat vermochte es, Ruhe und Ordnung zu bewahren, abgesehen von einzelnen Plünderungen in Kasernen. Seine sozialpolitischen Forderungen waren moderat. Dieses politische Experiment fand aber schon wenige Wochen später mit dem französischen Truppeneinmarsch am 22. November sein Ende. Die neuen Machthaber duldeten keine konkurrierende politische Autorität. Ihre wachsende Bedeutung demonstrierte die Arbeiterbewegung bei den Maifeierlichkeiten. Waren hierzu in den Jahrzehnten zuvor kaum 100 Couragierte in der Öffentlichkeit erschienen, so marschierten am 1. Mai 1920 mehr als 10 000 stolze Arbeiter durch die Straßen Saarbrückens. Fortan wurde dieser Umzug bis 1934 jährlich organisiert. Wegen tief greifender politischer Differenzen marschierten SPD und KPD seit 1929 getrennt, aber auch gemeinsam hätten sie nichts gegen den übermächtigen Nationalsozialismus ausrichten können, dem sich die liberalen und konservativen Parteien allzu willfährig unterwarfen, indem sie sich selbst gleichschalteten, bevor die Wiederangliederung an das «Tausendjährige Reich» erfolgte.

Der Nationalsozialismus

Da weitgehend nationaler Konsens über die anzustrebende Rückgliederung ins Deutsche Reich herrschte, kam die NSDAP bis zum Januar 1933 nicht über den Status einer Kleinpartei hinaus. Bei den Landesratswahlen erreichte sie einen Stimmenanteil von maximal 6,7%. Gleich nach der Machtübergabe in

Berlin wehte aber auch an der Saar ein anderer Wind. Allerorts prangten Hakenkreuze, Führerporträts, Giebelinschriften und Plakate mit nationalsozialistischer Propaganda. Mit der NSDAP bildeten die liberale DSVP und das katholische Zentrum das Parteienbündnis «Deutsche Front». Im Oktober lösten sich die bürgerlichen Parteien selbst auf. Den unbestrittenen Höhepunkt der Propaganda bot Ende August 1933 die von Goebbels veranstaltete Saargroßkundgebung am Niederwalddenkmal in Rüdesheim. Zehntausende Saarländer jubelten hier Hitler zu. Vor Ort agierte wenig glücklich der rüpelhafte NS-Leiter Alois Spaniol, der 1934 vom pfälzischen Gauleiter Josef Bürckel ausgeschaltet wurde. Die mittlerweile etablierte «Zweite Deutsche Front» stand bereits unter der Leitung von NSDAP-Mitgliedern. Aus taktischen Gründen erzwang Bürckel die Selbstauflösung der NSDAP und die Gründung der «Dritten Deutschen Front», einer überparteilichen Sammlungsbewegung der «Saarvolksgemeinschaft», organisiert nach dem Führerprinzip.

Noch setzten Linksintellektuelle wie Bertolt Brecht, der eigens ein Saarlied schrieb, Hoffnungen in das Saarland. Doch erreichte er ohnehin nur Gleichgesinnte, genau wie die 3 000 ins Saargebiet geflohenen Reichsdeutschen. Ihren Berichten über die Verbrechen der Nationalsozialisten glaubten nur Anhänger des eigenen politischen Lagers. Angesichts des Bedrohungsszenarios bildeten die SPD und die KPD eine antifaschistische Einheitsfront, die aber der propagandistischen Übermacht der Deutschen Front hoffnungslos unterlegen war. Die geriet nur einmal nach dem vorgeblich geplanten Röhm-Putsch ins Schwanken. Da bei dieser «Säuberungsaktion» auch führende Katholiken ermordet wurden, protestierten am 29. Juli 1934 etwa 50 000 Jugendliche auf dem Saarbrücker Kieselhumes. Ferner formierte der ehemalige Chefredakteur der katholischen Landeszeitung Johannes Hoffmann eine katholische Oppositionsbewegung, der sich zahlreiche Pfarrer anschlossen. Bischof Bornewasser in Trier rief derweil zur Vaterlandstreue auf, und die Oppositionellen blieben isoliert. Wenige Tage vor der alles entscheidenden Abstimmung versammelten sich 300 000 Saarländer zum letzten Appell auf dem Wackenberg. Diese Treuekundgebung war das größte saarländische Massenereignis und wurde als Entscheidung vor der Entscheidung gedeutet.

Bei der Abstimmung am 13. Januar votierten 90,8%, ein überraschend hoher Prozentsatz, für den Anschluss an das Dritte Reich. Man postulierte lange die nicht haltbare Formel, die Saarländer hätten «für Deutschland, trotz Hitler» gestimmt. Tatsächlich arbeiteten viele schon vor 1935 auf eine nationalsozialistische Regierung hin, überzeugte Demokraten gab es in ausreichend großer Zahl weder an der Saar noch im Reich. Zudem herrschte die Stimmung vor, den nationalen Aufschwung nicht verpassen, nicht abseits stehen zu wollen. Der 1. März wurde als Datum für die Rückgliederung bestimmt. An diesem Tag ließ sich die NS mit Hitler, Goebbels und Himmler in Saarbrücken öffentlich feiern. Auch die Bischöfe von Speyer und Trier gaben sich die Ehre. Der Führer belohnte die «Treue des Saarvolkes» mit dem Bau eines Theaters am Saarufer, das drei Jahre später in seiner Anwesenheit als modernster Theaterbau Europas eingeweiht wurde. Viele Vertreter der Status-quo-Lösung und Anhänger der Linksparteien suchten schon 1935 ihr Heil in der Flucht, allein bis zum Sommer 1936 emigrierten über 4300 Bedrohte, unter ihnen der Vorsitzende der Sozialdemokraten Max Braun und der Zentrumspolitiker Johannes Hoffmann.

Eine Wiederherstellung alter Zustände durch die erneute Aufteilung des Saarlands auf den preußischen Regierungsbezirk Trier und den bayerischen Regierungsbezirk Pfalz fand wider Erwarten nicht statt. Das Saarland blieb als solches bestehen und wurde als unmittelbares Reichsland von dem «Reichskommissar für die Rückgliederung» verwaltet. Diese Aufgabe übernahm der Pfälzer Josef Bürckel, der als Gauleiter eine ungewöhnliche Machtposition durch Ämterkumulation aufbaute. Er war Reichsstatthalter der Saarpfalz, Chef der Zivilverwaltung des ab 1940 besetzten Lothringens, Leiter der NSDAP und Reichsverteidigungskommissar des Gaus Westmark. Bürckel erreichte die provisorische Zusammenlegung der saarländischen und pfälzischen Verwaltungen. Wenig beliebt machte er sich 1935 mit der Vergabe hoher Ämter an pfälzische Weggenossen, wohingegen «alte Kämpfer» der Saar-NSDAP übergangen wurden.

Wie überall in ihrem Machtbereich nutzten die Nationalsozialisten scheinlegale bis brutale Methoden zur Herrschaftssicherung. Presse und Rundfunk, Organisationen, Verbände und Vereine wurden «gleichgeschaltet», «Säuberungsaktionen» fanden nicht nur in den saarländischen Verwaltungen, sondern auch in den Saargruben statt, wobei von diesen Massenentlassungen vor allem ehemalige Anhänger der Status-quo-Lösung und diejenigen betroffen war, die im Januar 1935 für eine Angliederung an Frankreich gestimmt hatte. SPD und KPD wurden verboten, ihr Parteivermögen und dasjenige der Gewerkschaften konfisziert. Wirtschaftlich stand das Saarland abermals vor einer Anpassungskrise. Saargruben, Schwer- und Metallindustrie exportierten bis 1935 ihre Produkte vornehmlich nach Elsass-Lothringen, und neue Absatzmärkte mussten erst wieder gefunden werden. Aufgrund der veränderten Zollgrenzen wurde das Ruhrgebiet abermals zum größten Konkurrenten. Der Import lothringischer Lebensmittel entfiel, was zu empfindlich spürbaren Teuerungen führte. Die Arbeitslosenquote lag erheblich über der des Reiches. Bürckel schuf Arbeitslosenprogramme, verordnete Arbeitsdienst sowie die Entsendung von Arbeitern in andere Gebiete des Reiches.

Gleich nach der Machtübernahme kam es zu Aggressionen gegenüber den jüdischen Mitbürgern, die während des 19. Jahrhunderts weitgehend akzeptiert worden waren. Sie lebten traditionell dort, wo sie sich während des *Ancien Régimes* gegen Schutzgelder hatten niederlassen dürfen: im ehemals Kurtrierischen, in Ostfrankreich und im Umland Saarbrückens und in den kleineren Städten des Saarlands. Ihre Mitglieder vermochten sich aufgrund von Akkulturationsprozessen, vor allem durch die Übernahme bürgerlicher Werte und Formen, in die städtischen Gesellschaften von Merzig, Saarlouis und Saarbrücken u. a. zu integrieren. Auf dem Land dominierten sie den Agrarhandel. Viele Familien etablierten in den Saarstädten gut geführte Banken und Kaufhäuser, aber auch kleinere Fabriken und Geschäfte. Doch die gelungene Integration in die deutsche Gesellschaft erwies sich als gefährliche Illusion angesichts der Katastrophen des Ersten Weltkriegs und der Weltwirtschaftskrise. Der Schuldige war rasch gefunden: im Kollektivsingular des Juden, der sich als Wucherer in Notzeiten bereichere. Dieser Antisemitismus wurde durch die Rassenlehre der Nationalsozialisten zur totalitären Vernichtungsideologie gesteigert.

Nach einer Schonfrist traten im Saarland ab März 1936 die Nürnberger Gesetze in Kraft. Die Juden wurden aus dem öffentlichen Leben verdrängt, sie verloren ihre Berufe, und ihre Geschäfte wurden «arisiert», d.h. Nichtjuden erwarben sie weit unter Wert. Einen vorläufigen Höhepunkt erreichte der Terror in der zentral gesteuerten Reichspogromnacht vom 9. auf den 10. November 1938. Die jüdischen Gotteshäuser und Friedhöfe in Saarbrücken, Merzig, Illingen, Bosen, Sötern, Neunkirchen, Saarwellingen, Dillingen und Brotdorf wurden in Brand gesetzt oder zerstört. SS-Trupps zerstörten zahlreiche Privatwohnungen und Geschäfte, warfen Möbel und Waren auf die Straßen. Jüdische Männer wurden öffentlich gedemütigt, zum Sitz der Gestapo am Schlossplatz 14/15 und zu anderen Folterstätten gebracht und misshandelt. Während man die älteren entließ, wurden die jüngeren vorübergehend nach Dachau und Buchenwald deportiert. Lebten 1933 noch etwa 4638 Juden im Saarland, so waren es sechs Jahre später aufgrund von Emigration nur noch 473. Im Sommer 1940 ließen die Gauleiter die saarländischen, pfälzischen und badischen Juden in das Pyrenäenlager Gurs verschleppen. Bürckel hatte sein ehrgeiziges Ziel erreicht: Seine Gaue waren innerhalb weniger Jahre «judenfrei». Aus ideologischen Gründen wurden zudem die saarländischen Sinti und Roma und Homosexuellen in KZs ermordet.

Betroffen waren auch diejenigen, die aus Sicht der NS-Rassenlehre dem deutschen Volkskörper schadeten, indem sie Krankheiten und Behinderungen vererben konnten. Als erbkrank galten Schizophrene, Manisch-Depressive, Blinde, Taube, Menschen mit auffallenden körperlichen Missbildungen sowie starke Alkoholiker. 3000 Saarländer wurden als erbkrank eingestuft, 2400 von ihnen zwangssterilisiert. Unheilbar physisch und psychisch Kranke wies man in die Heil- und Pflegeanstalt Merzig ein. In den ersten Kriegsjahren wurden sie in hessische Anstalten verbracht und dort getötet. Die Opferzahl in der Region wird auf 2500–3000 geschätzt. Der Trierer Bischof Franz Rudolf Bornewasser gehörte 1941 zu den ersten deutschen Oberhirten, die öffentlich die Tötung psychisch Kranker anprangerten. Zum Holocaust schwieg auch er.

Überhaupt blieb das Verhalten der Amtskirchen gegenüber dem NS-Regime ambivalent. Positiv werteten sie die autoritären Staatsstrukturen und widersetzten sich nur bei kirchenfeindlichen Maßnahmen und religionsfeindlichen Angriffen. Die Hoffnung auf ein Arrangement und auf Freiräume für den innerkirchlichen Bereich erfüllte sich nicht. Vor allem über die Jugendorganisationen, die sowohl Staat als auch Kirche naturgemäß als wichtiges Instrument der Wertevermittlung sahen, kam es zu Konflikten. 1937 wurden die kirchlichen Jugendverbände verboten, im selben Jahr die Bekenntnisschule abgeschafft. Eine Schülergruppe am Saarbrücker Ludwigsgymnasium um Willi Graf und Heinz Bollinger existierte illegal weiter und schloss sich dem Geheimbund «Grauer Orden» an, der von dem Studenten Fritz Leist aus Elversberg geleitet wurde. 1939 wurden Graf und Bollinger von der Gestapo verhaftet, kamen aber aufgrund eines Amnestiegesetzes wieder frei. Leist gehörte später zu den Gründungsmitgliedern der studentischen Widerstandsgruppe «Weiße Rose». Bollinger und Graf verteilten in Saarbrücken weiterhin Flugblätter, um Widerstand gegen die Nationalsozialisten zu aktivieren. Willi Graf wurde 1943 als Mitglied der Weißen Rose in München hingerichtet. Auch einzelne katholische Pfarrer leisteten Widerstand. Zu ihnen zählte Franz Bungarten von St. Josef in Malstatt, der aus seiner Verachtung für das NS-Regime kein Hehl machte und schließlich an einen Ort außerhalb des Saarlands versetzt wurde. Im protestantischen Milieu distanzierten sich nur einzelne Pfarrer der Bekennenden Kirche öffentlich vom System.

Starken Widerstand als Gruppe leisteten die Kommunisten. In Metz druckten sie nach 1935 weiterhin die Arbeiterzeitung, von Forbach aus unterstützte die «Rote Hilfe» die Familien von emigrierten und verfolgten Parteigenossen finanziell. Otto

Johänntgen, ein junger kaufmännischer Angestellter, versuchte die KP nach 1935 weiterhin zu organisieren, doch er und Dutzende Parteimitglieder wurden im Verlauf der nächsten Jahre verhaftet und in das KZ Buchenwald gebracht. Während des Kriegs agierten nur noch kleine Gruppierungen. Die Anhänger der verbotenen SPD vermieden öffentliche Aktionen. Sie lebten häufig in Genossenschafts- und Arbeitergegenden und konnten aufgrund der räumlichen Gegebenheiten zumindest informelle politische Kontakte pflegen. Von Denunziation waren alle bedroht. Widerstand in Form von Sabotage leisteten auch Zwangsarbeiter, die zu Zehntausenden in den saarländischen Betrieben unter unmenschlichen Bedingungen schufteten. So führten etwa die Kriegsgefangenen im Burbacher Reichsbahnausbesserungswerk ihre Arbeit derart schlecht aus, dass es immer wieder zu Reklamationen kam. Sie standen in geheimem Kontakt zur Belegschaft anderer Werke und über französische Kollegen zu Partisanengruppen in den Wäldern des benachbarten Lothringens.

Enorme Produktionsausfälle hätte die Wirtschaft ohne den massiven Einsatz von Zwangsarbeitern hinnehmen müssen. Sie wurden in fast allen Teilen der Wirtschaft, vor allem aber in der Rüstungsindustrie eingesetzt. Allein in Saarbrücken erwiesen sich etwa 20 000 Zivilarbeiter und Kriegsgefangene als unentbehrlich. Untergebracht wurden sie in den Werken in Barackenlagern, in städtischen Schulen und Turnhallen. Es handelte sich um Franzosen, Italiener und Polen, vor allem aber um zwangsverpflichtete Männer, Frauen und Kriegsgefangene aus der Sowjetunion. Allein in der Burbacher Hütte arbeiteten Ende Juli 1943 2665 Zivilarbeiter und 706 Kriegsgefangene. Ein Jahr zuvor beschäftigte die Schmelz in St. Ingbert 1400 Arbeiter, davon die Hälfte Zwangsverschleppte. Für andere Betriebe der saarländischen Montanindustrie ist von ähnlichen Zahlen auszugehen. Große Unterschiede bestanden bei der Behandlung etwa von Franzosen und Sowjetbürgern: Letztere hatten aufgrund ihrer Herkunft geringere Chancen, das Kriegsende zu erleben, da sie schlechter ernährt, schlechter bezahlt, strenger überwacht und härter bestraft wurden. Der Industrielle Hermann Röchling, Leiter der Völklinger Hütte und entschiedener Anhänger des

Nationalsozialismus, wurde für die Verschleppung und Misshandlung Tausender Zwangsarbeiter im Rastatter Prozess 1946 zu acht Jahren Zuchthaus verurteilt.

Dutzende Zwangsarbeiter- und Gefangenenlager gehörten zum Alltagsbild. Am schlimmsten traf es diejenigen, die in das Polizeilager Neue Bremm verbracht wurden. Dieses Barackenlager für Frauen und Männer, das direkt der örtlichen Gestapo-Stelle unterstand, wurde 1943 vor den Toren Saarbrückens eröffnet. Kommandant des Lagers war SS-Untersturmführer Fritz Schmoll aus Schiffweiler, das Wachpersonal stammte ebenfalls überwiegend aus dem Saarland. Im Lager sollten vor allem «Fremdarbeiter» diszipliniert werden. Gegen Kriegsende kamen zunehmend Deutsche hinzu. Zudem diente die Neue Bremm als Sammel- und Durchgangslager für Häftlinge aus Südwestdeutschland und dem annektierten Lothringen sowie aus Frankreich, darunter Saaremigranten, Mitglieder der Widerstandsbewegung und deportierte französische Juden, die von hier aus weiter in die Vernichtungslager transportiert wurden. Aufgrund von Misshandlungen und Unterernährung starben allein in diesem Lager in weniger als zwei Jahren schätzungsweise 400 Menschen.

Wegen der exponierten Grenzlage betraf die Saarländer der Zweite Weltkrieg besonders hart. Erste Hinweise auf Hitlers aggressive Kriegspläne gab hier die Remilitarisierung des Saarlands im März 1936. Saarlouis und Saarbrücken wurden wieder Garnisonsstädte, und im St. Johanner Stadtwald entstand mit der Below-Kaserne ein großes militärisches Areal. Mit dem üblichen Propagandarummel begann der Bau des Westwalls, der allerdings das linke Saarufer, den Großraum Saarbrücken sowie Saarlouis, Dillingen und Völklingen aussparte und somit Hunderttausenden Saarländern keinerlei Schutz bot. Für den Kriegsbeginn lag für diese sogenannte rote Zone ein Evakuierungsplan vor: der «Sicherungsmarsch West». Er sah vor, die gesamte dort lebende Bevölkerung nach Hessen und Thüringen auszusiedeln. Dieser Zwangsaufenthalt führte zu zahlreichen Konflikten. Beschwerten sich die mehrheitlich aus Städten stammenden Saarländer über ihre primitiven dörflichen Quartiere in den Mittelgebirgen, so galten die «Räumlinge» bei der einheimischen Bevölkerung als zu anspruchsvoll in Verpflegungsfragen. Nach dem Blitzkrieg gegen Frankreich durften die Saarländer im Juli/August 1940 zunächst wieder in ihre Heimat zurückkehren.

Waren die Folgen von Luftangriffen im Ersten Weltkrieg noch marginal gewesen, so legten die alliierten Bomber diesmal große Teile des Saarlands in Schutt und Asche. Ziel der Alliierten war es, durch massive Zerstörungen die Kapitulation zu erreichen. Nachdem sich die Menschen in den Jahren 1940/41 schon fast an das Überfliegen britischer Bomberverbände gewöhnt hatten, kam es ab Sommer 1942 zu gezielten Angriffen auf kriegswichtige Ziele wie die Schwerindustrie. Saarbrücken selbst wurde am 4. Oktober 1944 Ziel eines infernalischen britischen Bombardements. Beinahe 500 Maschinen warfen in mehreren Wellen kombiniert Sprengbomben, Brandbomben und Luftminen ab und zerstörten mehr als 70% der Industrie- und Wohngebäude. Wahrzeichen der Stadt wie die Ludwigs- und die Schlosskirche brannten aus. Die Zahl der 1200 Todesopfer fiel verglichen mit den Zahlen anderer Großstädte gering aus. Bunker, Gruben- und Brauereistollen boten für 80% der Bevölkerung Schutzraum, und Ende November 1944 wurde sie erneut evakuiert. Schwere Schäden verursachten Fliegerangriffe in Dillingen, Homburg, Merzig (wegen Villeroy & Boch), St. Ingbert, Völklingen und vielen anderen Orten des Saarlands. Der Industriestandort Neunkirchen war ebenfalls ab Oktober 1944 Ziel verschärfter Bombardements, wobei hier eine Angriffswelle noch am 15. März 1945 die schlimmsten Zerstörungen anrichtete und die Stadt in ein Trümmerfeld verwandelte.

Anfang Oktober 1944 wurden alle waffenfähigen Männer zwischen 16 und 60 zum «Deutschen Volkssturm» einberufen, den alliierten Truppen aber konnte dieses letzte Aufgebot nichts mehr entgegensetzen. Gauleiter Bürckel weigerte sich, weiter sinnlose Befestigungsarbeiten von «Fremdarbeitern» durchführen zu lassen. Er wurde seines Amtes enthoben und verübte unter ungeklärten Umständen Suizid. Im März 1945 verloren auch die letzten politisch Verantwortlichen den Glauben an den Endsieg und flohen nach Osten. Der neue Gauleiter Willi Stöhr setzte sich ins Süddeutsche ab. Die Amerikaner okkupierten ab 20. März ohne weitere Kampfhandlungen die saarländischen Städte. Eine provisorische Militärregierung begann mit dem Wiederaufbau der Verwaltung und der Rückführung der Evakuierten. Am 10. Juli übernahmen die Franzosen das Kommando, und am 30. August 1945 etablierte sich die «*Délégation Supérieure de la Saare*» unter Oberst Gilbert Grandval (1904–1981). Am 22. Dezember 1946 wurde die Abtrennung des Saarlands von den deutschen Besatzungszonen vollzogen.

6. Das Saarland im Strukturwandel

Zwischen Frankreich und Deutschland

Auf den ersten Blick schien sich die Geschichte im Saarland zu wiederholen. Wie 1918 unterstand es französischer Militärverwaltung, es wurde wirtschaftlich mit Frankreich verbunden, und französisches Führungspersonal übernahm erneut die Saargruben. Und dennoch war die Situation eine völlig andere. Diesmal war nicht nur ein Krieg verloren gegangen, sondern die Menschen standen buchstäblich vor dem Nichts. Es schien unmöglich, an politische Traditionen anzuknüpfen. Die Aufklärungsarbeit der Alliierten enthüllte schonungslos die Verbrechen des Nationalsozialismus, die Nachkriegsgeneration reagierte darauf mit Tabuisierung, Verdrängung und Ausflüchten. An die Stelle der verherrlichenden Rückbesinnung in den 1920er Jahren trat nun die Notwendigkeit eines radikalen Neuanfangs. Die französische Politik verfolgte eine grundlegende Entnazifizierung. Pläne, ca. 150 000 Personen als belastete Nationalsozialisten aus dem eine Million Bewohner zählenden Saarland auszuweisen, durchkreuzte Gouverneur Grandval. Gleichwohl wurden NSDAP-Aktivisten und Mitglieder der Waffen-SS abgeschoben. Die Franzosen vermieden es diesmal, arrogant ihre Macht zu demonstrieren, stattdessen umwarben sie die Saarländer kulturell und wirtschaftlich. Während des Kriegs hatten diese nicht gehungert, weil die Nationalsozialisten systematisch die eroberten Länder ausraubten, um die eigene Bevölkerung zu ernähren. Nach dem Krieg war die Versorgungslage zunächst katastrophal. Während sich die Menschen in der benachbarten Zone mit zugeteilten 1000 Kalorien am Tag begnügen mussten, versorgte die französische Militärverwaltung die Saarländer großzügig mit Lebensmittelzuweisungen.

Zunächst herrschte keine Klarheit über die französischen Ambitionen, erst im Frühjahr 1947 wurde die Gründung des Saarstaates beschlossen und eine vorbereitende Verfassungskommission eingesetzt. Die heute geltende Grenzziehung erfolgte nach Verhandlungen über kleine Korrekturen mit Rheinland-Pfalz im Februar 1949. Bereits seit Beginn des Jahres 1946 waren wieder politische Parteien zugelassen. Blieb das Saarland in seiner Souveränität auch eingeschränkt, so verfügte es diesmal über eine frei gewählte Regierung. Die ersten Wahlen fanden auf Gemeindeebene statt und bescherten der Christlichen Volkspartei (CVP) absolute Mehrheiten. Diese Nachfolgepartei des katholischen Zentrums profilierte sich nun als überkonfessionelle Sammlungspartei mit dem Journalisten Johannes Hoffmann. Er hatte das Zentrum 1934 wegen seiner entschiedenen Gegnerschaft zu Hitler und seines Engagements für die Status-quo-Lösung verlassen müssen und lebte während der NS-Herrschaft im brasilianischen Exil. Neben ihm wirkten zahlreiche Remigranten und Verfolgte des Nationalsozialismus als Politiker, die für einen Neuanfang prädestiniert schienen. Die zweitstärkste Kraft mit rund 25 % Wähleranteil, die Sozialdemokratische Partei, wurde von Richard Kirn geleitet, der zuvor eine mehrjährige Zuchthausstrafe verbüßt hatte. Die Kommunistische Partei erreichte 9,1 % der Stimmen, auf freie Wählergruppen entfielen 13 %.

Im Oktober 1947 fanden Wahlen zur gesetzgebenden Versammlung statt. Um die zwei Monate später verabschiedete Verfassung wurde hart gerungen. Grandval setzte den Wirtschaftsanschluss des Saarlands an Frankreich und die dauerhafte politische Abkopplung von Deutschland als Verfassungsgrundsätze durch. Die Anhänger dieser Lösung versprachen sich zum einen wirtschaftliche Vorteile beim Wiederaufbau, und tatsächlich wurden im Saarland anders als im Ruhrgebiet keine Fabrikanlagen demontiert. Zudem sollte die Wirtschafts- und Währungsunion mit Frankreich dem Saarland ein frühes Wirtschaftswunder bescheren. Zum anderen schien der Verfassungstext ausreichend Spielraum zur Verwirklichung einer zukünftigen Autonomie zu bieten. Johannes Hoffmann (1890–1967) wurde zum ersten Ministerpräsidenten des Saarlands gewählt. Er führte eine Koalitionsregierung aus CVP und SPS an, die mit 45 von 50 Sitzen über eine geradezu erdrückende Mehrheit verfügte. Diese nutzte sie aus, um jegliche politische Opposition zu marginalisieren. Eine saarländische CDU, eine deutsche sozialdemokratische oder liberale Partei wurde nicht zugelassen. Dieses Demokratiedefizit belastete die politische Atmosphäre. Die regierenden Politiker wähnten sich aber im Recht, betrachteten sie es doch als ihre historische Aufgabe, jeglichem Nationalismus oder gar Nationalsozialismus zu wehren.

Die Hoffmann-Regierung stand vor der schwierigen Aufgabe, dem neuen fragilen Staatswesen Legitimität, Stabilität und Identität zu verleihen. Der Saarstaat sollte eine Annäherung der deutschen und französischen Erzfeinde ermöglichen und zugleich einen Beitrag für den Frieden in Europa leisten. Diese Idee der Brückenfunktion hatte in den 1920er Jahren der mittlerweile verstorbene Vorsitzende der Sozialdemokraten, Max Braun, in seinen Reden verfochten. Damals fand er kaum Anhänger für diese abstrakte Utopie, und es war fraglich, wie viele Saarländer sich in der zweiten Nachkriegszeit für das Projekt einer deutsch-französischen Kooperation oder eine Autonomie gewinnen ließen. Vor allem im Bereich der Kultur sah man die Chance, diese Synthese zu verwirklichen. Ab den späten 1940er Jahren fand an der Saar ein kultureller Aufbruch statt, der international Beachtung fand und von dessen Erbe das Land noch heute profitiert.

Aushängeschild dieser Bemühungen war die junge Saaruniversität. Sie entstand 1946 zunächst in Homburg als Außenstelle der Universität Nancy mit einer dringend benötigten medizinischen Fakultät. 1948 setzte Grandval seine Pläne zum Aufbau einer Volluniversität durch, um eine regionale deutsch-französische Elite auszubilden. Unterrichtet wurde in den Gebäuden der ehemaligen Below-Kaserne gleichberechtigt in beiden Sprachen von namhaften Professoren aus vielen europäischen Ländern. Die Studentenzahlen nahmen kontinuierlich zu, aufgrund der niedrigen Gebühren und Stipendien studierten hier auch viele Arbeiterkinder. Vor allem der zweite Rektor, der Germanist Joseph François Angelloz, trieb als durchsetzungsfähige und überzeugende Persönlichkeit die Entwicklung zu einer europäischen Universität voran. Diese dezidierte Frankreich- und Europaorientierung besteht bis zum heutigen Tag, was unter anderem das von Angelloz gegründete Europainstitut, das Frankreichzentrum und zahlreiche deutsch-französische Austauschprogramme und Studiengänge dokumentieren.

Mit Energie setzte sich der Kultusminister Emil Straus, auch er Remigrant und CVPler, für renommierte internationale Projekte ein. Bereits im Juli 1946 eröffnete die Staatliche Schule für Kunst-Handwerk, wo unter anderem Henry Gowa, Frans Masareel und Otto Steinert, letzterer als Leiter der Fotoklasse, viel zur Reputation beitrugen. Auf Straus' Initiative ging die Gründung der Hochschule für Musik als Staatliches Konservatorium im Oktober 1947 zurück. Bereits seit August 1945 erschien die Saarbrücker Zeitung wieder, im März 1946 ging Radio Saarbrücken auf Sendung. Ferner leistete das Saarland-Museum einen großen Beitrag für den kulturellen Aufbruch in eine europäische Moderne. Sein Leiter, Rudolf Bornschein, baute eine hervorragende Sammlung impressionistischer und expressionistischer Künstler auf. Internationale Kontakte zu anderen Museen und Künstlern unterstützten den Erfolg des Hauses nachhaltig. Seinem Engagement verdankt das Saarland unter anderem auch den Nachlass von Alexander Archipenko. Stießen diese avantgardistischen Projekte in der Bevölkerung partiell auf Unverständnis, so lehnte sie die Schulpolitik des Kulturministers völlig ab. Sie beinhaltete ein staatsbürokratisch zentralisiertes Schulwesen, Zentralabitur und das französische Punktesystem anstatt der bisherigen Notenskala, eine für Junglehrer obligatorische einjährige Schulassistenz in Frankreich sowie die einseitige Förderung des französischen Sprachunterrichts.

Als erfolglos erwiesen sich letztlich auch die weit gespannten Ziele der französischen Sportpolitik, welche die Regierung Hoffmann seit 1948 weiterverfolgte. Das Saarland sollte erstens als selbständige Sportnation reüssieren, eigene Nationalmannschaften zu internationalen Wettkämpfen entsenden, und zweitens aus deutschen Spielligen ausscheiden, um sich in die französischen zu integrieren. Während die sportlichen Erfolge auf internationaler Ebene etwa bei den Weltmeisterschaften 1954 beachtlich waren, zeigte das Schicksal des 1. FC Saarbrücken und des VfB Neunkirchen, die traditionell in der Oberliga Südwest spielten, das sportpolitische Dilemma des Saarstaates. 1948/49 debütierte der 1. FC in der zweiten französischen Division und errang sogleich den ersten Platz. In Frankreich bestand fortan kein Interesse mehr an der Integration deutscher Klubs, die sich auch auf der regionalen Ebene als problematisch erwiesen, weil bewährte Wettbewerbe aufgebrochen wurden. Auf einer Vollversammlung des saarländischen Fußballbundes sprachen sich zwei Drittel der Delegierten gegen die Affiliationspläne aus und auch der französische nationale Fußballrat kam zu demselben Abstimmungsergebnis. Sehr zum Unwillen der Politiker kehrten die saarländischen Klubs 1951 in die deutschen Ligen zurück. Der 1. FC Saarbrücken errang gleich in der Saison 1951/1952 die deutsche Vizemeisterschaft und wurde trotz verlorenem Endspiel zu Hause in Ludwigshafen frenetisch gefeiert.

Als sehr erfolgreich ist hingegen die Sozialpolitik zu bewerten, die zum Aushängeschild der Regierung Hoffmann avancierte. Das Saarland wurde nicht wie 1919/1920 von der deutschen Sozialversicherungstradition abgekoppelt, und die Anliegen der Gewerkschaften fanden Berücksichtigung. Das Rentenalter wurde auf 60 Jahre abgesenkt, die Witwenrenten waren vergleichsweise hoch, Arbeiter und Angestellte erfuhren in der Rentenfrage erstmals eine Gleichstellung. Darüber hinaus gelangten die Saarländer in den Genuss des großzügigen französischen Familienzulagensystems. Bis in das Jahr 1952 schuf die Sozialpolitik verbunden mit einem wirtschaftlichen Aufschwung einen breiten Konsens in der Bevölkerung. Die Regierung saß aber im Prinzip zwischen allen Stühlen. Auf der einen Seite musste sie die politische und wirtschaftliche Abhängigkeit von Frankreich akzeptieren, auf der anderen versuchte sie gleichzeitig, Autonomie zu erreichen. Die Saarländer sollten demokratische Grundwerte verinnerlichen, zugleich gab es aber Zensur und Parteienverbote.

In dieser diffizilen Situation schien die europäische Idee einen Ausweg zu bieten. Das Saarland sollte Standort zentraler europäischer Institutionen werden. 1951 bewarb sich Saarbrücken vergeblich als Hauptstadt der europäischen Montanunion. Im Oktober 1954 einigten sich dann der französische Ministerpräsident Pierre Mendès-France und Bundeskanzler Konrad Adenauer darauf, das Saarland zu europäisieren und der neu gegründeten Westeuropäischen Union zu unterstellen. Doch die Mehrheit der Saarländer stimmte nach äußerst harten, teilweise handgreiflichen und emotionsgeladenen Diskussionen im Oktober 1955 mit 67,7% gegen das Saarstatut. Neben nationalen Gründen dürften auch wirtschaftliche Argumente das Wahlergebnis beeinflusst haben. Während Frankreich unter einer weltweiten Wirtschaftskrise litt und der Franc schwächelte, prosperierte die seit Mai 1955 souveräne Bundesrepublik gegen den allgemeinen Trend und verfügte mit der D-Mark über eine attraktive Währung.

Noch in der Nacht nach der Abstimmung bot die französische Regierung Adenauer, der in der Saarfrage taktierend auf Zeit gesetzt hatte, Beratungen über eine Eingliederung des Saarlands in die Bundesrepublik an. In den folgenden komplizierten Luxemburger Verhandlungen wurden Frankreichs wirtschaftliche Interessen großzügig geregelt und u.a. die Moselkanalisation von Thionville nach Koblenz beschlossen. Die politische Eingliederung des Saarlands in die Bundesrepublik Deutschland erfolgte am 1. Januar 1957, die wirtschaftliche nach einer Übergangszeit am 5. Juli 1959.

Das elfte Bundesland im Herzen Europas

Erneut galt es einen nachhaltigen Strukturwandel zu vollziehen. Vor allem den weiterhin dominierenden Bergbau und die Montanindustrie belasteten immer wieder Krisen. Stellten Kohle- und Stahlindustrie 1959 noch 56,7% aller Arbeitsplätze, so sank dieser Anteil binnen 20 Jahren auf 36,4%. Der Bergbau, bisher der wichtigste Wirtschaftszweig, wurde von der 1959 einsetzenden Absatzkrise hart getroffen. Hinzu kamen tödliche Schachtunglücke, von denen das schwerste am 7. Februar 1962 in der Grube Luisenthal 299 Menschenleben kostete. Das war die größte Katastrophe in mehreren Jahrhunderten saarländischen Bergbaus überhaupt. Weiterhin fiel im Zeitraum von 1968 bis 1978 die Zahl der Bergleute von 31 000 auf 22 000. Immer mehr Gruben wurden aufgegeben, weil der Untertageabbau international nicht mehr konkurrenzfähig war. 2012 sollen die letzten Gruben aus ökonomischen Gründen geschlossen werden, auch weil unkontrollierbare Grubenbeben oberirdisch Menschen gefährden.

In den 1960er Jahren verdrängte die Eisen- und Stahlindustrie den Bergbau als Leitsektor, doch behaupten konnte sie diese Position langfristig nicht. Profitierte diese Branche zunächst von der beispiellosen Hochkonjunktur der BRD, so wurde sie 1975/76 von einer weltweiten Stahlkrise schwer getroffen. Von 40 000 Stahlarbeitern wurden 7000 entlassen, die Produktion sank um 30–40%. Herrschte zuvor Vollbeschäftigung, so schnellte die Arbeitslosenquote nun auf 7,2% hoch. Die Burbacher Hütte und das Neunkircher Eisenwerk mussten mit ihrer Massenstahlproduktion schließen. Es setzte ein schmerzlicher und teurer Konzentrations- und Rationalisierungsprozess ein. Mitte der 1980er Jahre brach der Absatz aufgrund einer europäischen Stahlkrise erneut ein. Um die Hütten zu retten, verschuldete sich das Saarland in diesem Zeitraum mit 1,45 Milliarden. Trotzdem stieg die Arbeitslosenquote 1985 auf 13,4% und lag damit fast vier Prozent über dem Bundesdurchschnitt. 1988 wuchs der Schuldenberg auf 10 Milliarden an. Langfristig erwiesen sich die Investitionen von Land und Bund aber als sinnvoll. Dillinger und Völklinger Hütte exportieren heute Grobbleche, Qualitätsstahl und Spitzendraht weltweit. 2007 beschäftigten die Hütten 11 000 Mitarbeiter und scheinen aufgrund ihrer Spezialisierung auch der Wirtschaftskrise 2008/2009 zu trotzen.

Zahlreiche Firmenneugründungen förderten den Strukturwandel. Allein zwischen 1968 und1975 siedelten sich 120 neue Industriebetriebe an, die 18 000 Arbeitsplätze boten. Allen voran erwies sich die Etablierung des Ford-Automobilwerks in Saarlouis als Glücksfall. Heute stellen Automobilindustrie und ihre Zulieferbetriebe 40 000 Arbeitsplätze. Die Gebiets- und Verwaltungsreform, welche die Regierung 1970–1973 vornahm und die bisher 345 selbstständigen Gemeinden auf nur 50 reduzierte, zielte auf sinnvollere Planbarkeit von Strukturmaßnahmen ab. Sie war höchst umstritten und führte zu zahllosen Rivalitäten und Machtkämpfen. Weiterhin stützten die Regierungen den Strukturwandel nachhaltig durch Verbesserungen im Bereich der Infrastruktur, durch internationale Autobahn- und Flugverbindungen sowie die Saarkanalisation (1980–1987). Die Metallbranche wurde allmählich überflügelt vom expandierenden Dienstleistungssektor, der zwei Drittel aller Erwerbstätigen umfasst. Innovationen und Wachstum bieten heute vor allem die Bereiche Bildung, Forschung und Technologietransfer. Allein im Bereich Pharma und Medizintechnik arbeiten mehr als 8500 Menschen. Zukunftsorientiert war 1986 die Entscheidung, an der Universität des Saarlandes eine exzellente Technische Fakultät zu etablieren. Bis zum Ende der 1980er Jahre entstanden das «Deutsche Forschungszentrum für Künstliche Intelligenz», das Fraunhofer-Institut für Biomedizinische Technik in St. Ingbert, das Max-Planck-Institut für Informatik sowie das Innovations- und Technologiezentrum, später IT-Park, Saar. Das 1990 an der Universität gegründete Institut für Neue Materialien (INM) steht an der Spitze der europäischen Nanotechnologie. Internationalen Ruf genießt darüber hinaus das im Nordsaarland idyllisch gelegene Leibniz-Zentrum für Informatik im Schloss Dagstuhl. 2000 erhielt Saarbrücken nach zähem Ringen die neue Deutsch-Französische Hochschule. Stolz feierte die Landesuniversität 2008 mit ihren rund 15 000 Studierenden ihr sechzigjähriges Jubiläum. Seit 2009 beteiligt sie sich mit den Nachbaruniversitäten Nancy, Metz, Luxemburg und Lüttich am Projekt der Universität der Großregion.

Auch im politischen Feld galt es nach Eingliederung in die Bundesrepublik, einen Strukturwandel zu bewältigen. Macht und Einfluss waren nach der Niederlage der bis 1955 regierenden Parteien neu zu verteilen. Neben den bereits seit der Hoffmann-Ära bestehenden etablierten sich nach bundesrepublikanischem Vorbild die Schwesterparteien CDU, SPD und FDP. Erst in den ausgehenden 1960er bzw. beginnenden 1970er Jahren fusionierten sie mit der CVP und DPS. Als Landespolitiker dominierte der Christdemokrat Franz Josef Röder (1909–1979), der als Ministerpräsident von CDU-Regierungen oder mit CVP, SPD oder FDP als Koalitionspartnern 20 Jahre lang energisch regierte. Sein Nachfolger, der CDU-Politiker Werner Zeyer (1929–2000), unterlag 1985 dem SPD-Kandidaten und Saarbrücker Oberbürgermeister Oskar Lafontaine, in dessen Amtszeit die schwierige Frage des Stahlstandorts und die wegweisende Entscheidung für die Förderung der Informatik fielen. Reinhart Klimmt folgte ihm kurzfristig im Amt, nachdem sich Lafontaine 1998 für einen Wechsel in die Bundespolitik entschieden hatte. Nach 14 Jahren SPD-Regierung siegte bei den Wahlen im September 1999 wiederum die CDU mit ihrem Spitzenkandidaten Peter Müller, der zum neuen saarländischen Ministerpräsidenten gekürt wurde. SPD, FDP, Grüne und Linkspartei vervollständigen derzeit das Parteienspektrum.

War die Grenzlage im äußersten Westen Deutschlands für das Saarland in vielen Jahrhunderten ein Problem, so befindet es sich heute im Herzen Europas. Es profitiert mit seinen Nachbarn entschieden von der Vollendung des EU-Binnenmarktes und von zahlreichen Projekten, welche Grenzen und nationale Barrieren überwinden helfen. 1980 wurde die «Region Saar-Lor-Lux» zwischen Deutschland, Frankreich und Luxemburg begründet. Seitdem arbeiten die jeweiligen Behörden und Institutionen zur Förderung der wirtschaftlichen, kulturellen, touristischen und sozialen Entwicklung zusammen. Saar-Lor-Lux entwickelte sich schrittweise zur Großregion Luxemburg, Lothringen, Saarland, Rheinland-Pfalz und Wallonien. Rund 200 000 Menschen pendeln täglich über die nationalen Grenzen zu ihrem Arbeitsplatz. Allein 30 000 französische Pendler arbeiten im Saarland. Auch in der Freizeit nehmen die europäischen Nachbarn gerne Freizeitangebote des Saarlandes wahr. Es hat neben den schönen Wanderlandschaften im Norden und im Bliesgau auch kulturell viel zu bieten. Erwähnt seien hier lediglich das Industrieensemble der Völklinger Hütte, seit 1994 UNESCO-Weltkulturerbe, mit seinen kulturellen und gesellschaftlichen Veranstaltungen, das Saarlandmuseum mit seiner Kunstsammlung und das didaktisch und wissenschaftlich anspruchsvolle Historische Museum am Schlossplatz, das im Jahr 2008 wieder eröffnet wurde. Attraktive Darbietungen des Staatstheaters und des SR-Rundfunkorchesters sowie die seit 1980 stattfindenden Max-Ophüls-Filmfestspiele, der erste Höhepunkt des bundesdeutschen Filmjahrs, runden das Angebot ab. Die Nähe zu Frankreich prägt die Mentalität der Saarländer und ihre sprichwörtliche Neigung zum guten Essen. Dieses Savoir-vivre spiegelt nicht zuletzt die bundesweit höchste Anzahl von Spitzenrestaurants gemessen an der Einwohnerzahl. Die Menschen im kleinsten Flächenbundesland haben im Laufe des letzten Jahrhunderts aufgrund ihrer gemeinsamen politischen, ökonomischen und kulturellen Erfahrungen eine saarländische Identität entwickelt. Immer wieder diskutierte Pläne, es mit seinem Nachbarland Rheinland-Pfalz zwecks Kostenersparnis zu fusionieren, lehnen sie mit guten Gründen ab.

Literaturverzeichnis

Ammann, Hektor/Emil Meynen (Hg.), Geschichtlicher Atlas für das Land an der Saar, Saarbrücken 1965.

Becker, Frank G., Deutsch die Saar, immerdar! Die Saarpropaganda des Bundes der Saarvereine 1919–1935, Saarbrücken 2007.

Blackbourn, David, Marpingen. Das deutsche Lourdes in der Bismarckzeit, Saarbrücken 2. Aufl. 2007.

De la Blache, Vidal/L. G. Gallois, Le Bassin de la Sarre, Paris 1919.

Dülmen, Richard van (Hg.), Industriekultur an der Saar. Leben und Arbeit in einer Industrieregion, 1840–1914, München 1989.

Ennen, Edith, Die Organisation der Selbstverwaltung in den Saarstädten vom ausgehenden Mittelalter bis zur französischen Revolution, Bonn 1933.

Fehn, Klaus, Preußische Siedlungspolitik im saarländischen Bergbaurevier (1816–1919), Saarbrücken 1981.

Fox, Nikolaus, Saarländische Volkskunde, Saarbrücken 1927.

Freis, Helmut, Das Saarland in der Römerzeit, Saarbrücken 1991.

Freund, Wolfgang, Volk, Reich und Westgrenze. Deutschtumswissenschaft und Politik in der Pfalz, im Saarland und im annektierten Lothringen 1925–1945, Saarbrücken 2006.

Geschichtliche Landeskunde des Saarlandes, hrsg. von Hans-Walter Herrmann, 3 Bde., 1960–1994.

Hahn, Marcus, Das Saarland im doppelten Strukturwandel 1956–1970. Regionale Politik zwischen Eingliederung in die Bundesrepublik Deutschland und Kohlekrise, Saarbrücken 2003.

Halsall, Guy, Settlement and Social Organisation. The Merovingian Region of Metz, Cambridge 1995.

Heinen, Armin, Saarjahre. Politik und Wirtschaft im Saarland 1945–1955, Stuttgart 1996.

Herrmann, Hans-Walter/Hanns Klein (Hg.), Wilhelm Heinrich von Nassau-Saarbrücken, Saarbrücken 1968.

Herrmann, Hans-Walter/Georg Wilhelm Sante, Geschichte des Saarlandes, Würzburg 1972.

Herrmann, Hans-Walter/Rainer Hudemann/Eva Kell (Hg.), Forschungsaufgabe Industriekultur. Die Saarregion im Vergleich, Saarbrücken 2004.

Herrmann, Hans-Walter/Reinhard Schneider (Hg.), Lotharingia. Eine europäische Kernregion um das Jahr 1000, Saarbrücken 1993.

Hiegel, Henri, Le Baillage d'Allemagne de 1600 à 1632, 2 Bde., Sarreguemines 1961/1968.

Horch, Hans, Der Wandel der Gesellschafts- und Wirtschaftsstrukturen in der Saarregion während der Industrialisierung (1740–1914), St. Ingbert 1985.

Hudemann, Rainer/Armin Heinen (Hg.), Das Saarland zwischen Frankreich, Deutschland und Europa 1945–1957. Ein Quellen- und Arbeitsbuch, Saarbrücken 2007.

Hudemann, Rainer/Rolf Wittenbrock (Hg.), Stadtentwicklung im deutsch-französisch-luxemburgischen Grenzraum. 19. und 20. Jahrhundert, Saarbrücken 1991.

Jost, Karl, Das Herzogtum Pfalz-Zweibrücken, Saarbrücken 1962.

Jung, Michael, Zwischen Ackerbau und Fürstenhof. Saarbrücker und St. Johanner Bürgertum im 18. Jahrhundert, St. Ingbert 1994.

Junker-Mielke, Stella (Hg.), Barocke Gartenlust. Spurensuche entlang der Barockstraße Saarpfalz, Wiesbaden 2008.

Karbach, Jürgen/Paul Thomes, Die wirtschaftliche und soziale Entwicklung des Saarlandes (1792–1918), Saarbrücken 1994.

Kasper-Holtkotte, Cilly, Juden im Aufbruch. Zur Sozialgeschichte einer Minderheit im Saar-Mosel-Raum um 1800, Hannover 1996.

Kinzinger, Lothar F., Schweden und Pfalz-Zweibrücken – Probleme einer gegenseitigen Integration. Das Fürstentum Pfalz-Zweibrücken unter schwedischer Fremdherrschaft (1681–1719), Saarbrücken 1988.

Kloevekorn, Fritz, Das Saargebiet, seine Struktur, seine Probleme, Saarbrücken 1929.

Kolling, Alfons, Späte Bronzezeit an Saar und Mosel, 2 Bde., Saarbrücken 1968.

Köllner, Friedrich, Geschichte des vormaligen Nassau-Saarbrück'schen Landes und seiner Regenten, Saarbrücken 1841.

Küppers, Heinrich, Johannes Hoffmann (1890–1967). Biographie eines Deutschen, Düsseldorf 2008.

Labouvie, Eva, Frauenleben – Frauen leben. Zur Geschichte und Gegenwart weiblicher Lebenswelten im Saarraum (17–20. Jahrhundert), St. Ingbert 1993.

Legrum, Karl, Die Grafen von der Leyen und das Amt Blieskastel, Blieskastel 1991.

Lemmes, Fabian, Zwangsarbeit in Saarbrücken. Ausländische Zivilarbeiter und Kriegsgefangene 1940–1945, St. Ingbert 2004.

Linsmayer, Ludwig, Politische Kultur im Saargebiet 1920–1932. Symbolische Politik, verhinderte Demokratisierung, nationalisiertes Kulturleben einer abgetrennten Region, St. Ingbert 1992.

Linsmayer, Ludwig (Hg.), Die Geburt des Saarlandes. Dramaturgie eines Sonderweges, Saarbrücken 2007.

Mallmann, Klaus-Michael (Hg.), Richtig daheim waren wir nie. Entdeckungsreisen ins Saarrevier 1815–1955, Berlin 1987.

Marx, Albert, Die Geschichte der Juden im Saarland vom Ancien Régime bis zum Zweiten Weltkrieg, Saarbrücken 1992.

Muskalla, Dieter, NS-Politik an der Saar und Josef Bürckel. Gleichschaltung – Neuordnung – Verwaltung, Saarbrücken 1995.

Overbeck, Hermann/Georg Wilhelm Sante (Hg.), Saar-Atlas. Im Auftrag der Saar-Forschungsgemeinschaft, Gotha 1934.

Parisse, Michel (Hg.), Lothringen – Geschichte eines Grenzlandes, Saarbrücken 1984.

Quasten, Heinz/Hans-Walter Herrmann (Hg.), Geschichtlicher Atlas für das Land an der Saar, Saarbrücken 1971.

Ries, Klaus, Obrigkeit und Untertanen. Stadt- und Landproteste in Nassau-Saarbrücken im Zeitalter des Reformabsolutismus, Saarbrücken 1997.

Rörig, Fritz, Die Entstehung der Landeshoheit des Trierer Erzbischofs zwischen Saar, Mosel und Ruwer und ihr Kampf mit den patrimonialen Gewalten, Trier 1906.

Ruppersberg, Albert, Geschichte der ehemaligen Grafschaft Saarbrücken, 2. Auflage, 4 Bde., Saarbrücken 1908–1914.

Schmitt, Johannes (Hg.), Restauration und Revolution. Die Saarregion zwischen 1815 und 1850, Saarbrücken 1990.

Schmitt, Johannes, Revolutionäre Saarregion 1789–1850. Gesammelte Aufsätze, St. Ingbert 2005.

Schulte, Aloys, Frankreich und das linke Rheinufer, Stuttgart/Berlin 1918.

Staerk, Dieter, Die Wüstungen des Saarlandes, Saarbrücken 1976.

Stein, Frauke, Adelsgräber des achten Jahrhunderts in Deutschland. Mit einem Beitrag von Friedrich Prinz, Berlin 1967.

Thalhofer, Elisabeth, Neue Bremm. Terrorstätte der Gestapo, St. Ingbert 2. Aufl. 2004.

Tritz, Michael, Geschichte der Abtei Wadgassen, zugleich eine Kultur- und Kriegsgeschichte der Saargegend, Wadgassen 1901.

Wittenbrock, Rolf (Hg.), Geschichte der Stadt Saarbrücken, 2 Bde., Saarbrücken 1999.

Zeller, Gaston, La Réunion de Metz à la France, 2 Bde., Straßburg 1926.

Zenner, Maria, Parteien und Politik im Saargebiet unter dem Völkerbundregime 1920–1935, Saarbrücken 1966.

Saarländische Regenten und Ministerpräsidenten seit dem 12. Jahrhundert

Grafen von Saarbrücken

* Vormundschaftsregierungen
** Französische Besatzungszeit

Saarbrücken

Simon I.	(1135–1180)
Simon II.	(1180–1208)
Simon III.	(1208–1233)
* Laurette	(1233–1271)
* Mathilde	(1271–1274)

Saarbrücken-Commercy

Simon IV.	(1274–1306)
Johann I.	(1306–1342)
Johann II.	(1342–1381)
* Johanna	(1381–1390)

Nassau-Saarbrücken

Philipp I.	(1390–1429)
* Elisabeth von Lothringen	(1429–1455)
Johann III.	(1455–1472)
* Elisabeth von Württemberg	(1472–1476)
* Philipp v. Nassau-Weilburg	(1476–1490)
Johann Ludwig	(1490–1545)
Philipp II.	(1545–1554)
Johann IV.	(1554–1574)
Philipp III.	(1574–1602)
Ludwig	(1602–1627)
Wilhelm Ludwig	(1627–1640)
* Anna Amalia	(1640–1651)
**	(1644–1661)
Johann Ludwig	(1651–1659)
Gustav Adolf	(1659–1677)
* Eleonora Klara	(1677–1697)
** *Province de la Sarre*	(1680–1697)
Ludwig Crato	(1697–1713)
Karl Ludwig	(1713–1723)
Friedrich Ludwig	(1723–1728)

Fürsten von Nassau-Saarbrücken

* Charlotte Amalie	(1728–1738)
Wilhelm Heinrich	(1741–1768)
Ludwig	(1768–1793)

Nebenlinie Nassau-Ottweiler

Albrecht III.	(1574–1593)
Ludwig	(1593–1627)
Johann Ludwig	(1640–1690)
Friedrich Ludwig	(1690–1728)

Herzöge von Zweibrücken

Grafen von Saarbrücken

Heinrich I.	(1180–1234)
Heinrich II.	(1234–1284)
Walram I.	(1284–1308)
Simon	(1308–1312)
* Agnes von Saarbrücken	(1312–1327)
Walram II.	(1327–1366)
Eberhard II.	(1366–1394)

Kurpfalz

Ruprecht II.	(1394–1398)
Ruprecht III.	(1398–1410), König

Pfalz-Simmern

Stefan	(1410–1459)
Ludwig I. der Schwarze	(1459–1489)
Kaspar	(1489–1527)
Alexander	(1489–1514)

Pfalz-Neuburg
Ludwig II. (1514–1532)
* Ruprecht
v. Pfalz-Veldenz (1532–1543)
Wolfgang (1543–1569)
Johann I. (1569–1604)
Johann II. (1604–1635)
Friedrich I. (1635–1661)
Friedrich II. Ludwig (1661–1681)
Karl I. (1681–1697)
** (1688–1697)
Karl II. (1697–1718)
Gustav Samuel
Leopold (1718–1731)

Pfalz-Zweibrücken-Birkenfeld
Christian III. (1731–1735)
Christian IV. (1735–1775)

Pfalz-Zweibrücken-Birkenfeld-Bischweiler
Karl III. August
Christian (1775–1793)

Kurfürsten von Trier

Dieter von Nassau (1300–1307)
Balduin von
Luxemburg (1308–1354)
Boemund von
Saarbrücken (1354–1361)
Kuno II. von
Falkenstein (1362–1388)
Werner von
Falkenstein (1388–1418)
Otto von Ziegenhain (1418–1430)
Ulrich von Manderscheid (1430–1436)
Hrabanus von
Helmstedt (1430–1439)
Jakob I. von Sierck (1439–1456)
Johann II. von Baden (1456–1503)
Jakob II. von Baden (1503–1511)
Richard von Greiffenklau (1511–1531)
Johann III. von Metzenhausen (1531–1540)
Johann IV. Ludwig
von Hagen (1540–1547)
Johann V. von
Isenburg (1547–1556)
Johann VI. von der
Leyen (1556–1567)
Jakob III. von Eltz (1567–1581)
Johann VII. von
Schönenberg (1581–1599)
Lothar von
Metternich (1599–1623)
Philipp Christoph
von Sötern (1623–1652)
Karl Kaspar von
der Leyen (1652–1676)
Johann VIII. von
Orsbeck (1676–1711)
** (1688–1697)
Karl Joseph von
Lothringen (1711–1715)
Franz Ludwig von
Neuburg (1716–1729)
Franz Georg von
Schönborn (1729–1756)
Johann IX. von
Walderdorff (1756–1768)
Clemens Wenzeslaus
von Sachsen (1768–1802)

Herzöge von Lothringen

Ardennerhaus-Verdun
Simon II. (1176–1205)
Friedrich I. (1205–1206)
Friedrich II. (1206–1213)
Theobald I. (1213–1220)
Matthäus II. (1220–1251)
Friedrich III. (1251–1303)
Theobald II. (1304–1312)
Friedrich IV. (1312–1327)
Rudolf (1328–1346)
Johann I. (1346–1390)
Karl II. (1390–1431)

Isabella + René I. v. Anjou (1431–1433)
Anton I. (1431–1441)

Anjou

René I. (1441–1452)
Johann II. (1452–1470)
Nikolaus I. (1471–1473)

Lothringen-Vaudémont

René II. (1473–1508)
Anton II. (1508–1544)
Franz I. (1544–1545)
* Christiane/ Nikolaus II. (1545–1559)
Karl III. (1559–1608)
Heinrich (1608–1624)
Franz II. (1624–1624)
* Nicole (1624–1625)
Karl IV. (1625–1634)
** (1633–1663)
Nikolaus Franz (1634–1641)
Karl IV. (2. Mal) (1641–1675)
** (1670–1698)
Karl V. Leopold (1675–1690)
Leopold Joseph Karl (1690–1729)
** (1702–1714)
Franz III. Stefan (1729–1736)
Stanislaus Leszczynski (1737–1766)
Ludwig XV. (1766–1774)
Ludwig XVI. (1774–1792)

**** Département de la Sarre 1798–1815**

Preußische Verwaltung 1815–1918

Könige von Preußen

Friedrich Wilhelm III. (1815–1840)
Friedrich Wilhelm IV. (1840–1858)
Wilhelm I. (1858–1888)
Friedrich III. (1888–1888)
Wilhelm II. (1888–1918)

Bayerische Verwaltung 1816–1918

Könige von Bayern

Maximilian I. Joseph (1815–1825)
Ludwig I. (1825–1848)
Maximilian II. (1848–1864)
Ludwig II. (1864–1886)
* Luitpold, Prinzregent (1886–1912)
Ludwig III. (1912–1918)
** (gesamte Saarland) (1918–1920)

Völkerbundmandat Saargebiet 1920–1934

NS-Deutschland 1935–1945

** (1945–1946)

Saargebiet unter frz. Oberhoheit (1946–1956)

Johannes Hoffmann, CVP (1947–1955)
Heinrich Welsch (1955–1956)
Hubert Ney, CDU (1956–1957)

Ministerpräsidenten des Saarlandes in der Bundesrepublik Deutschland

Egon Reinert, CDU (1957–1959)
Franz Josef Röder, CDU (1959–1979)
Werner Klumpp, FDP (1979–1979)
Werner Zeyer, CDU (1979–1985)
Oskar Lafontaine, SPD (1985–1998)
Reinhard Klimmt, SPD (1998–1999)
Peter Müller, CDU (1999–2009)

Personenregister

Adalbero II., Bischof von Metz 19
Adalbert I., Erzbischof von Saarbrücken 23
Adenauer, Konrad 114
Adolf I. von Nassau 29
Adolf von Nassau-Saarbrücken 31, 33
Aetius, röm. Heermeister 15
Albrecht von Nassau-Ottweiler 34 ff.
Ambrosius von Mailand 13
Andreae, Johann 39
Angelloz, Joseph François 112
Anna Amalia von Nassau-Saarbrücken 44 f.
Anna Juliana von Nassau-Saarbrücken 43
Anna von Nassau-Dillenburg 35
Anna-Maria von Hessen-Kassel 35
Anton von Lothringen 32
Arbogast 15
Arnulf, Bischof von Metz 17
Attila, Hunnenkönig 15
August III., Kurfürst von Sachsen 52
Augustus, röm. Kaiser 11
Balduin von Luxemburg 25 ff.
Bebel, August 91
Bergeron, Antoine, Sieur de la Goupilliere 48
Bismarck, Otto von 81 ff., 90
Boch, Alfred von 95
Bock, Hieronymus 39
Bollinger, Heinz 105 f.
Bornewasser, Franz Rudolf 101, 105
Bornschein, Rudolf 112
Braun, Max 101, 111
Brecht, Bertolt 101
Briand, Aristide 95
Buffalo Bill 85
Bungarten, Franz 105
Bürckel, Josef 101 f., 104, 108
Burghard, Johann 38
Cäsar, Gaius Iulius 11
Cetto, Karl 68, 74
Cetto, Philipp 67 f.
Charles Henri de Lorraine-Vaudémont 46
Charlotte Amalie von Nassau-Dillenburg 51
Childebert II., fränk. König 17
Chlodwig I., fränk. König 15 f.
Christian IV. von Pfalz-Zweibrücken 53, 55
Chrodegang, Bischof von Metz 17
Clemenceau, George 94 f.
Clemens Wenzeslaus, Kurfürst von Trier 64
Cratz von Scharfenstein, Johann Philipp 42
d'Aubusson de la Feuillade, George 47
Galhau, Jean Henri-Cristophe de 60
Lasalle, George Théodore de 60
Dern, Wilhelm Heinrich 68
Diderot, Denis 53
Dietrich von Wied, Bischof 25
Dietzsch, Ferdinand 73 f.
Diokletian, röm. Kaiser 11
Dryander, Johann Friedrich 61
Eberhard, Matthias, Bischof von Trier 82
Eberwin, Dekan von St. Arnual 23

Eleonora Clara von Nassau-Saarbrücken 46 f.
Elisabeth von Lothringen 30
Elisabeth von Pfalz-Zweibrücken 31
Elisabeth von Württemberg 30
Ernst von Sachsen-Coburg 71, 73
Farel, Guillaume 33
Ferdinand III., Kaiser 44 f.
Finstingen, Erzbischof Heinrich II. von 25
Forget de Barst de Bouillon, Jean Henri 52
Franz III. Stephan von Lothringen (Kaiser Franz I.) 52
Franz von Sickingen 32
Friedrich I. Barbarossa, Kaiser 21
Friedrich III. von der Pfalz 33
Friedrich Ludwig von Nassau-Ottweiler 47, 51
Friedrich V. von der Pfalz 42
Friedrich von Pfalz-Zweibrücken 43
Friedrich Wilhelm IV., König von Peußen 74
Gallas, Matthias 43 f.
Gerber, Erasmus 32
Gerhard von Beckingen 22
Gerhard von Elsass 20
Gisela von Saarbrücken 21
Goebbels, Joseph 101 f.
Goethe, Johann Wolfgang von 55 f., 98
Gonzaga von Mantua, Herzog 44
Gowa, Henry 112
Graf, Willi 105 f.
Grandval, Gilbert 109 ff.
Günderode, Hieronymus Maximilian von 61
Gustav Adolf II. von Schweden 42 f.
Gustav Adolf von Nassau-Saarbrücken 43, 45 f.
Gustav Samuel von Pfalz-Zweibrücken 52
Habel, Christian Friedrich 56
Hagen, Johann Hugo II. von 52
Hagen, Johann Wilhelm Ludwig von 52
Hagen zur Motten, Heinrich von 37
Hagen zur Motten, Kaspar von 37
Hagen zur Motten, Ludwig von 37
Hammerer von Hammerstein, Johann Friedrich 64
Heinrich Ernst von Kerpen 42
Heinrich I. von Saarbrücken 21
Heinrich I., ostfränk. König 18
Heinrich II., Kaiser 19
Heinrich II., König von Frankreich 47
Heinrich III., Kaiser 20
Heinrich IV., Kaiser 19
Heinrich VII., Kaiser 25
Hector, Jakob 95
Helldorf, Graf von 83
Hieronymus 13
Himmler, Heinrich 102
Hirschbach, Mathias von 38
Hitler, Adolf 101 f., 107
Hoffmann, Johannes 101 f., 110 f., 113, 117
Honorius, röm. Kaiser 14
Iffland, August Wilhelm 62
Ingobertus, Missionar 16
Johann Casimir von der Pfalz 33
Johann I. von Pfalz-Zweibrücken 33
Johann I. von Saarbrücken-Commercy 23
Johann II. von Pfalz-Zweibrücken 43
Johann III. von Nassau-Saarbrücken 30
Johann IV. von Nassau-Saarbrücken 33 f., 36 f.
Johann Ludwig von Nassau-Saarbrücken 30 f.
Johann VI. von Nassau-Dillenburg 35

Johann von Nassau-Saarbrücken 31
Johann von Nassau-Weilburg 29
Johanna von Saarbrücken-Commercy 29
Johänntgen, Otto 105 f.
Joseph II., Kaiser 61
Julian, röm. Kaiser 14
Karcher, Heinrich Jakob 62
Karl der Große 16 f.
Karl I. Ludwig, Kurfürst von der Pfalz 50
Karl I. von Pfalz-Zweibrücken-Birkenfeld 39
Karl II. August von Pfalz-Zweibrücken-Birkenfeld 60
Karl II., Kurfürst von der Pfalz 50
Karl III. von Pfalz-Zweibrücken 53
Karl IV. von Lothringen 44, 46
Karl IV., Kaiser 25
Karl Ludwig von Nassau-Saarbrücken 51
Karl V. von Lothringen 46
Karl V., Kaiser 33 f., 36, 47
Karoline von Nassau-Saarbrücken 53
Katharina von Saarwerden 31
Kerpen, Hans von 34
Kiefer, Johann Nikolaus 61, 70
Kirn, Richard 110
Klicker, Johann Georg 41
Klimmt, Reinhard 117
Knigge, Adolph Freiherr von 62
Koeler, Ferdinand von 59
Konstantin der Große 13 f.
Lafontaine, Oskar 117
Lambert, Jacques 95
Lasalle von Louisenthal, Franz Albert 67
Lasalle von Louisenthal, Rudolf 83
Le Tellier, François-Michel 50
Leist, Fritz 105 f.
Lejeune, Heinrich 59
Leopold I., Kaiser 46
Leszczynski, Stanislaw 52
Leyen, Carl Caspar von der (1618–1676) 37
Leyen, Carl Caspar von der, (1687–1733) 59
Leyen, Franz Carl von der 60
Leyen, Marianne von der 60
Leyen, Philipp von der 60
Liebknecht, Wilhelm 91
Liselotte von der Pfalz 51
Liutwin, Bischof von Trier 17
Lothar I., fränk. König 18
Ludwig Crato von Nassau-Saarbrücken 46, 51, 53
Ludwig der Bayer, Kaiser 26
Ludwig der Deutsche, fränk. König 18
Ludwig II. von Pfalz-Zweibrücken 33
Ludwig IV., fränk. König 19
Ludwig von Nassau-Saarbrücken (1565–1672) 35–40
Ludwig von Nassau-Saarbrücken (1745–1794) 61 f., 65
Ludwig XIV., König von Frankreich 45, 48, 50
Ludwig XV., König von Frankreich 52 f.
Ludwig XVI., König von Frankreich 64
Manney, Charles 70
Mannlich, Johann Christoph von 60
Marbach, Johannes 34
Masareel, Frans 112
Mathilde von Saarbrücken-Commercy 29
Maximilian I. Joseph, König von Bayern 60
Maximilian I., Kaiser 30, 32
Mendès-France, Pierre 114
Moltke-Huitfeld, Adam Carl von 95
Moritz von Hessen-Kassel 35
Moritz von Sachsen 47
Moscherosch, Michael 39

Müller, Peter 117
Münster, Sebastian 28
Napoleon Bonaparte 66 f., 69 f.
Napoleon III., frz. Kaiser 80
Neikes, Hans 98
Nikolaus Cusanus 26
Nimsgern, Philippine 41
Otto I., Kaiser 19
Otto III., Kaiser 19
Oxenstierna, Gabriel 52
Philipp I. von Nassau-Saarbrücken 27, 30
Philipp II. von Nassau-Saarbrücken 31, 33, 36, 39
Philipp II. von Spanien 34
Philipp III. von Nassau-Saarbrücken 34, 36
Philipp von Hessen 31 f.
Pirmin, Bischof 17
Probus, röm. Kaiser 14
Raoul de Lorraine 26
Rault, Victor 94 f.
René II. von Lothringen 30
Greiffenklau von Vollraths, Richard 32
Richelieu, Kardinal 43
Röchling, Carl 87
Röchling, Hermann 106
Röchling, Thomas 62
Röder, Franz Josef 117
Sabellus, Quintus Valerius 12
Sayn, Johann von 33
Schmoll, Fritz 107
Schwebel, Johann 33
Sello, Leopold 77, 88
Sigebert I., Graf 19, 21
Sigibert I., fränk. König 17
Simon I. von Saarbrücken 21
Simon III. von Saarbrücken 29
Simon IV. von Saarbrücken-Commercy 27, 29
Sötern, Philipp Christoph von 37 f., 52
Sophie Erdmuthe von Erbach 53
Spaniol, Alois 101
Steinert, Otto 112
Stella, Tilemann 24
Stengel, Friedrich Joachim 54
Stephani, Laurentius 34
Stöhr, Willi 108
Straus, Emil 112
Stresemann, Gustav 95
Streuff von Leuenstein, Philipp 44
Stumm-Halberg, Carl Ferdinand Freiherr von 81, 88, 90
Sundahl, Jonas Erikson 52
Theodosius I., röm. Kaiser 14
Theudebert II., fränk. König 17
Tiberius, röm. Kaiser 12
Valentinian I., röm. Kaiser 14
Vauban, Sébastien Le Prestre de 48
Vercingetorix 11
Villeroy, Nicolas 59
Wagner, Heinrich Leopold 61
Warinhar, Graf 17
Waugh, Richard 95
Wendalinus, Missionar 16, 25
Werner, Anton von 80
Werner, Bartholomäus 38
Wilhelm I. von Nassau-Oranien 30, 35 f.
Wilhelm Heinrich von Nassau-Usingen 51, 53 f.
Wilhelm Ludwig von Nassau-Saarbrücken 43
Wilhelmine Sophie Eleonore von Schwarzburg-Rudolstadt 61
Wilson, Harold 94
Wilton, Ernest 95
Wolfgang von Pfalz-Zweibrücken 33
Wulfilaich 16
Zandt von Merl, Franz Georg 60
Zeyer, Werner 117
Zimmer, Mathias 34